尊厳

——その歴史と意味

マイケル・ローゼン
Michael Rosen

内尾太一 訳
峯 陽一 訳

岩波新書
1870

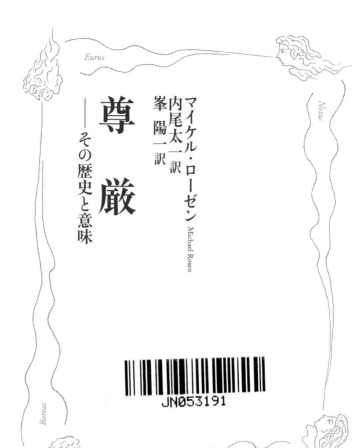

DIGNITY
Its History and Meaning
by Michael Rosen

First published 2012 by Harvard University Press, Cambridge

This Japanese edition published 2021
by Iwanami Shoten, Publishers, Tokyo
by arrangement with Harvard University Press, Cambridge
through The English Agency (Japan) Ltd., Tokyo

日本語版への序文

私は、この本の日本語版に序文を書き下ろすよう依頼された。そうすることができて、とても嬉しい。私は日本語がわからないし、日本を訪れたことも一度もない。そうであるだけに、書物というものが空間、時間、文化の隔たりを超えて人の考えを伝えていく力をもっていることを、この翻訳は、素晴らしいやり方で思い出させてくれる。

すべての書物は、特定の観点から、著者が多かれ少なかれ明確に心のなかに思い描いている読者層に向かって書かれるものである。この本は、西洋の伝統に根ざした考え方(読み進めるにつれてわかっていただけるだろうが、尊厳は、実は異なる考え方の複合体である)を扱ったものであり、もともとは英語圏の読者に向かって書かれている。したがって、人間はまさに人間であることによって特定の種類の尊厳を有しているという観念は、本書では、人間は自分たちを「世界市民」と見なすべきであるという古代のストア派の考え方にさかのぼって理解されることになる。同じように、態度や姿勢の性質としての尊厳は、修辞に関するローマ的な考え方に関連づけられる。そして、現世の身分と地位によって真の尊厳が制約されるという考え方に挑戦するにあたり、キリスト教が重要な役割を果たしたことも念頭に置かれている。

それでは「尊厳」は、西洋とは異なる文化的伝統を生きる人びとにとっても大切なのだろうか。それとも、西洋の文化的エスノグラフィーの一部として人びとの関心を引くだけなのだろうか。私は、尊厳は万人にとって大切なものだと考えている。第二次世界大戦後、尊厳の概念は、人びとの政治的および法的な生活において重要な役割を果たすようになった。それにはもっともな理由がある。この戦争の間に起きた大規模な恐怖と邪悪を人びとがゆっくりと心に刻むにつれて、それが繰り返されないようにする枠組みを求める運動が発展していったのである。

これらの残虐行為を振り返るとき、私たちはふたつのことに気がつく。第一に、それらの多くを実行した者たちは、自分たちの行為は正当化されると考えていた――たとえば、自分たちは平和と正義に満ちた社会を準備している、あるいは共同体が内部から破壊されるのを防ごうとしている、というふうに考えていた。第二に、残虐行為の犠牲になった人びとは重要な存在ではないと表象されていた――これらの人びとは歴史の道のりを妨害する邪魔者であるか、あるいは人間以下のものでしかないとされた。

こうしたことに直面して、問題になっていたことが何であれ、こんなふうに人間を扱ってはならない、と強く主張することが不可欠だと思われたわけである。そして、そのような目的を考慮して、様々な協定や条約が国際的に採択されていった。なかでも重要なのが世界人権宣言であり、そこでは尊厳が中心的な位置を占めることになった。その結果、尊厳の概念がそれほど重要ではなかった国々においてさえ、この概念が法律と人権の議論のなかに持ち込まれることになった。

しかし同時に、世界人権宣言には、非西洋的な伝統のなかに存在している尊厳の考え方と共鳴するところがあるということも、明らかである。非西洋的な尊厳の考え方は、西洋において見いだされる尊厳の考え方と、しばしば驚くほど似通っている。不満を口に出さずに苦しみに耐えるのは、立派なことである。そして、年長者を敬うのはよいことである——それは単にかれらが賢明だというだけでなく、肉体的な活力が衰えたとしても、人間はなお価値があるものだからである。こうしたことには、日本の読者も共感されることだろう。

最後に私は、この本の読者が、文化と文化の出会いに関する誤った考え方を疑問に付すようになることを希望する。それは、異なる文化が出会えば、必ず衝突するという考え方である。この観念の背後には、時間と場所に応じて文化は著しく多様だという考え方(それは真実であり、大切である)のみならず、それぞれの文化は自己完結的で内的に一貫しているという考え方(それは間違っており、よくない帰結をもたらす)が存在している。

西洋の文化に関する限り、そのような均質的な理解は誤っているというのが、本書の出発点であった。西洋において「尊厳」の概念は、互いにまったく異なる意味で、そして時には正反対の意味で使われている。この本は、尊厳がもつそれぞれの異なる意味の背後には、西洋の歴史的伝統に位置づけられる重要で強力な異なる源泉があることを示そうとした。それらの意味の源泉は、互いに競い合っていたし、今でも競い合っている。

したがって、西洋の文化と非西洋の文化の出会いを、自己完結的な諸個人の間の闘争のようなものとして提示するとしたら、それは間違っていることになる。文化は均質で静的なものではなく、複雑で動的なものである。ひとつの文化のいくつかの考え方が、別の文化のいくつかの考え方と共鳴することもあるだろう。その一方で、前者が後者に挑戦したり、挑戦されたりすることもあるだろう。何を受け入れ、何を拒否するかは、結局のところ、私たち一人ひとりが自分で決めるしかない。そうするにあたって、この本は役に立つ、と皆さんに思ってもらえるよう期待している。

二〇二〇年一二月三〇日

ハーバード大学政治学科　マイケル・ローゼン

序

「じゃあ、教えてくれよ。哲学者は『尊厳』について何が言えるんだい」。著名な人権法学者でもある私の友人クリストファー・マクラデンが、ある日、コーヒーを飲みながらこう言った。しかし、私たちの会話がうまく始まらなかったことは、認めておかねばならない。私はこう答えたのだ。「ええと、あまり知らないんだけど――たぶんカントかな」。幸いなことに、クリストファーは(寛容であるとともに)粘り強い質問者だった。そして、私のさらなる思索(クリストファーとのさらに多くの会話を含む)の結果が、今こうしてあなたの手のなかにある。私の考えを形づくり、正していくのを助けてくれた方々に感謝する前に、この本の叙述のしかたについて述べておこう。

よく言われるように、今日の哲学は、一般の読者には近寄りがたいものになっている。これは明らかに残念なことだ。教養ある人にとって、自分たちの文明が依拠している科学的な知識をある程度理解しておくのは、大切なことである(そうであることを私は疑わない)。だとすれば、同じ人にとって、その科学的な知識が位置づけられる概念的な枠組みや、その人の行動を導いていけるように反省的に定式化された原理を理解することは、なおさら大切ではないだろうか。倫理や政治生活において、私たちは、哲学的原理にかかわる問題に関する好き嫌いをはっきりさせるように迫られている。どのような行動が正しいのだろうか。ある政治的な提言や取り決めを支持すべきなのだろうか。これらのことについて、私たちはすべて自分で決断を下さなければならない――最終的には、何らかの権威が出した方針に従うところに落ち着くとしても、自分でそう決めなければならない(ところでこれは、技術的なことについて専門家の指示に従うよりも、ずっと複雑なことをやろうという主張である)。したがって、専門的な境界線を越えて哲学を読者のもとに届けようとすることには、確かにそうすべき理由があるわけだ。

しかし、それが可能かとなると、また別の話になる。哲学と一般読者の間に溝ができることは、おそらく不可避である。専門的なトレーニング抜きで遺伝学や天体物理学を理解できる人がいるとは、私たちには想像もできない――哲学も同じようなものではないだろうか。このような溝は、進歩の代償として私たちが払うべきものかもしれない。

哲学をわかりやすく書くのは、確かに簡単なことではないのだ。哲学が他の学問と比べて本質的に難しいというわけではない(おかげさまで、すべての学問分野は十分に難しい!)。だが、とりわけ哲学には、ある種の通俗化に抵抗するところがある。いま活躍中の才能あるサイエンス・ライターたちが示しているように、科学(数学でさえも)の研究成果を、その根拠となる技術的な細部を理解したり、どうやってその結果に行き着いたのかを自分で確認したりすることを読者に要求することなく提示することは可能である。しかし、科学の研究のようにそれを受け入れるべき理由を説明しないままで、哲学の最先端の立場(それが何であるかの合意があると仮定して)を叙述しようとすると、まるごと時間の無駄になってしまう。哲学的な議論(とにかく良質なもの!)をすることで、哲学の外部で形づくられてきた信念を合理的に支持したり、私たちが独善的に当然だと思い込んでいることに挑戦したりすることができるようになる。こうしたことが議論の重要なテーマになるわけだ——議論のない哲学は、ボールのないサッカーみたいなものである。

　哲学を役に立つような形で提示しようとすれば、哲学を実践してみるしかない——ところが、哲学することはとても多くのことを前提にしている。哲学は、全体をまるごと議論する学問分野である。その理論と問題のすべては、結局のところ、残りのすべてと結びついている。だから、ひとつの問題に取り組もうとすれば、他のすべての問題を——解決したとは言わないにしても——当面のところ「保留する」、あるいは少なくともそうする準備ができていなければならない。さらに、私たち(つまり著者と読者)の間には、よい哲学的な議論を構成するものは何かに関する共通の理解が存在していなければならない。それがいったい何であるかについては、深刻な論争の的になっている(そのことを哲学者はよく理解しているが、哲学者でない者がそれを知ると、しばしば驚き、ときには怒り出したりする)。

大ざっぱなたとえ話だが、哲学者はチェスのプレイヤーだと考えてみよう。哲学者の議論がまとまり、「次の一手を指す」(つまり、ある議論を先に進めたり、ある立場を表明したりする)とき、哲学者は相手方が指すであろうあらゆる次の一手を想定し、それに対する自分の一手に相手がどういう次の一手を指すかまで想定できていなければならない——それは実のところ、自分の一手の下方に横たわる、幾何級数的に拡大していく可能性の樹形図の全体像を示すことになるだろう。だが、それだけでない——ここがチェスと哲学の違うところだ。哲学者は、これ以外のルールではなく、まさにこのルールに従ってゲームをしなければならないのは何故なのかまで、正当化する準備ができていなければならないのである。したがって、哲学的な議論において完全であるという理想状態は、実のところ、ふたつの動物が合体した怪物(キメラ)のようなものである。そして哲学者は、あらゆる段階で、何度も繰り返して、何を当然視すべきか、そして何を議論の俎上に載せるべきかについて、気まずい選択に直面することになる。一方では、著者と読者の間には、そもそも議論を進めていくための共通の想定が存在しているはずである。他方では、様々な想定に挑戦することこそが、哲学(少なくとも最良の哲学)の哲学たる所以でもあるのだ。

その結果、厳密な意味での「証明」は、哲学にはほとんど居場所がないことになる。ある哲学的な立場が論証されることがめったにないのは、それ以外の立場が完全に論破されることがめったにないからである——ある立場と別の立場の溝は、常に埋めることができる。十分に視野が広い人にとっては、それを埋めることの知的な代償が不条理なほど大きいように思われるかもしれないにしても。しかし、だからといって、哲学が合理的な議論を軽んじるわけではない。ジョン・スチュアート・ミルは『功利主義』において、的確にその点を衝いている。ミルは、究極の目的(したがって功利主義の正当化)をめぐる問題は証明に適していないことを認める一方で、次のように述べている。「証明という言葉にはより広い意味がある。この広い意味において、この問題は、争われている他の哲学的な議論と同じように、証明に適している。この主題は合理的な推論による認知の範囲内にあり、その推論は主題を直感のみによって扱うわけではない。その原理に同意するか、それとも同意を保留するかを、知性ある人が決められるような考察を提示できるかもしれない。そして、それは証明と同等のものである」。よりぶっきらぼうに言えば、私たちが数学的に理想的な証明に到達できないからといって、もうお手上げだと諦めて、哲学は個人の好みの問題にすぎないと結論づけるべきではない。私たちは、様々な立場に賛成したり反対したりする理由を挙げることができる。決定的ではないにしても、重みのある様々な理由を挙げることができるのである。

こうしたことが、人びとにわかりやすいやり方で哲学を実践することが非常に難しいことを説明する原理的な理由のひとつとなる。ついでに言えば、このことは、哲学がお互いに議論がかみ合わない「学派」や「伝統」に分裂する傾向があることの説明としても役に立つ。様々な哲学的伝統の間では、前景にある実体についてだけでなく、哲学的な言説を前に進める前提となるべき背景的な想定についても(こちらの方がいっそう厄介なのだが)、意見が一致していないのである。

だが、今日の哲学が近づきにくいことについては、好ましからざる理由もまたいくつかある。その大部分は、哲学の行きすぎた専門化に関係している(私の念頭にあるのは英語圏である)。このことは、学界において、論文査読に重きを置く科学が支配的になってきたことと大いに関係があるように思う。もちろん、科学雑誌の論文が客観的に書かれ、批判的な査読という規律に服することは、強く正当化されるべきである――実験科学においては、再現可能な信頼できる結果を得ることが、何よりも重要である――しかし、これを哲学にまで当てはめてよいかといえば、疑問が残る。説明責任を果たすことが哲学にとっても有益であることは、認めよう(実際、そうした規律に欠けているせいで、大げさで批判力のない同時代の「大陸的な」哲学が、どれほど多く生み出されていることだろう)。しかし、やはり何かが失われてしまうのだ。すでに記したような理由によって、哲学の議論において完全であろうとする理想が達成できないとしたら、「厳密」であろうとする試みは、守りに向かう傾向をつくりだすことになるだろう。それは自分が野心的でなくなり、学問的背景ものの見方も自分にいちばん近い人びと(自分にぴったりの査読者)からのありうる異論に抵抗して、ちっぽけな足場を守ろうとする傾向である。そうなると、哲学への近づきやすさのみならず、(自分および他者の)基本的な思い込みを進んで疑問に付そうとする姿勢まで、失われてしまう。だが、このような姿勢は、まさに私たちの多くにとって、哲学することの意義そのものであるはずである。多くの現代哲学が、形式的な細部にこだわるスコラ主義(このレッテルを貼るのは歴史的には不当なことだが)としか呼びようのない雰囲気のなかで営まれている。

この本には、もっと形式ばらない手法がふさわしいように私には思われた。それにはいくつか理由がある。明白な理由のひとつとして、私とマクラデンの会話が明らかにしたように、尊厳に関心をもつのは哲学者だけではないということがある。私が言うべきことをそのような読者に届けようとすれば、その代償として、もっと内省的な議論を切り詰めなければならないかもしれない。だとすれば、妥協点を探すだけの価値はあると私は思う。さらに――私の最初の応答も完全に間違っていたわけではなかった――、尊厳を広く体系的に扱っており、そこでの議論が反応を要請するような同時代の哲学文献は、まとまった形では存在していないのである。

といっても、私が扱おうとしているテーマのすべてが無視されてきたわけではない。私は、ふたつの(互いに結びついた)議論の領域――カントの道徳哲学の解釈と、道徳的義務の性質――に入っていくことになるだろう。これらは、哲学の他のあらゆる分野と同じくらいに、多くの人びとに議論されている領域である。カントと義務の考え方について私が言うはずのことは、これまでこの主題について書かれてきた多くのことと一致していない。ここで私があまり包括的でないアプローチをとるのは、過去の文献を精査して是非を判断することは、やりたくなかったからである。チェスのたとえ話に戻ろう。私は、ゲーム中のよくある盤面から、定番とはまったく違う一手を指したがっている人のような状況にある。もちろん、私のその一手にはよい理由があり、私はそれを説明することになるだろう。しかし私は、率直に探検家たる精神で説明するのである。私は、もっと伝統的な別の考え方が誤っていることを包括的に証明しようとするのではなく、自分にとって最も説得力があると思われる理由に絞って、議論を進める。あなたが違う見方をしており、私があなたを説得できなかったら、それは仕方がないことだ――しかし、少なくとも、私が自分なりの見方をしている理由だけは、理解してもらいたいと思う。

私はこの本を哲学の本と呼んだ――それは正しい。というのも、ここで言及してきたテーマは、考えられる他の何よりもまず、哲学にとって、中心的なものだからである。しかし、実のところ私は、「政治理論」という呼び名の方が気に入っている。それは、政治哲学と政治理論はまったく別物だと私が考えているからではない。逆に私の見方では、「政治哲学」といわれているものはすべて政治理論のなかに見いだすことができるのであって、ふたつが重なっている限り、両者の間にさしたる違いはない。しかし、「哲学」という言葉は、純粋に「分析的」「概念的」あるいは「先験的」な理論化のためにとっておかなければならないと考える人たちもいる。そして、この本には、(これらの言葉をどう理解するにせよ)それとは違う素材も含まれている。実際、私自身の哲学に対する見方はもっと広いものである。私の意見では、(少なくとも政治哲学において)前に進んでいくための最良の道は、私たちの規範的な考察のなかに事実を招き入れていく用意をすること、そして、概念の分析の一部として歴史を用いることである。ただしこれは、私が自分で引き受けようとしていることであって、そうすべきだと主張しているわけではない。いずれにせよ政治理論は、そのような国境封鎖に苦しめられたりはしない――それは砂漠で隊商が出会うオアシスである。「政治理論」には、そうあってほしいと願う。

＊

二〇〇七年にボストン大学に招かれ、ベネディクト講義として尊厳に関する自分の考えを提示することができたのは、幸運だった。本書のテクストは、その講演内容に加筆や修正を加えたものである。講義のホストのアーロン・ガレットとジェイムズ・シュミットにとても感謝している。自分が語るべきことを、よりわかりやすく(そしておそらく、より愉快に)伝えられるように、私は、講義の際のくだけた感じと私的な語り口をそのままにしようと試みた。

そうするにあたって、注をどうするか決めなければならなかった。注について言うべきことは多いが(アンソニー・グラフトンは、注をめぐる彼の素晴らしい本のなかで、それにかかわるほぼすべてのことを議論している)、注をつけることで読者にとって文章が読みやすくなったかのように見せかけるわけにはいかない。哲学では、思い直したことをつけ加えたり、反対意見に反論したりする目的で注をつけるのは目新しいことではないが(カントはかなりの強迫観念をもってそうしていた)、今日ではあまりに使われすぎている——おそらく、私が先に言及したような、別の議論の道筋をすっかり塞ごうとする防衛的な衝動の産物だったり、あるいは単純に、ワープロがその作成をいとも容易にしたせいだったりするのだろう。もちろん、そうは言っても、主張は裏づけられなければならないし、読者にはものごとを自分で確認する権利がある。結局、私は巻末に少数の注(頁数と該当箇所で識別できる)をつけるだけにしたのだが、それらは無視していただいても、実質的には差し支えないと思う。

本書の題材に応答してくれた他の読者は、以下の機関の人びとである。テュレーン大学マーフィー・センター、ベルリンのフンボルト大学、カリフォルニア大学バークレー校(そこにおいて私は、ジェレミー・ウォルドロンの素晴らしいタナー講義に対する応答として、本書に盛り込まれているアイデアのいくつかを用いた)、そしてハーバード大学サフラ倫理センター。ヨハン・フリックはかけがえのない研究助手として、関連資料を見つけるのを助けてくれただけでなく、彼自身による素晴らしい批判的応答を与えてくれた(残念ながら、私はそのすべてに応えることができなかったのだが)。個々のコメントや提案については、私は特に次の人びとに感謝している。エワ・アタナソフ、エリック・ビアボーム、ジョシュ・チャーニス、G・A・コーエン、マクシミリアン・デ・ゲネスフォード、アリソン・デンハム、ワイ・チー・ダイモック、ダイナ・エマンド、ハンナ・ギンズボーグ、アナンド・ギリダラダス、サム・ゴールドマン、ジェイムズ・グリフィン、ディーター・グリム、ロルフ・ホーストマン、ナホミ・イチノ、マーティン・ジェイ、アレキサンダー・キー、タルナブ・カイタン、マンフレッド・キューン、レイ・ラングトン、ハーヴェイ・マンスフィールド、クリストファー・マクラデン、フランク・マイケルマン、ソフィア・モロー、エリック・ネルソン、ブライアン・オコナー、レナ・ロールバッハ、ナンシー・ローゼンブラム、マイケル・サンデル、エリック・サウスワース、ルーカス・スタンチク、ジョン・タシオラス、リチャード・タック、ジェレミー・ウォルドロン、そしてハーバード大学出版局のために草稿を読んでくれた三人の鋭い、しかし匿名の査読者たち。私の編集者であるマイク・アロンソンに感謝せずに「序」を締めくくることはできない。彼の忍耐とユーモアは、私が著者として望み得ることのすべてであった――この成果品が彼の熱意の証明になっていると本人が感じてくれるよう願うのみである。

本文中におけるカントへの参照は標準のドイツ語版に対するもので、次のように記載している。略語の *Ak.*(*Akademie Edition*)の後にコロンで区切られたふたつの数字が続くが、第一の数字は巻数、第二は頁数を表す。したがって、*Ak.* 4: 436 は *Akademie* の第四巻、四三六頁を指す(これは実際には、『道徳形而上学の基礎づけ』の第二頁である)。私は本文中で、基本的には当該作品の英語名に言及している。ほとんどの英訳(今や定番となったケンブリッジ版のカント著作集を含む)は、余白に *Akademie* の頁数を記載しているから、このやり方はドイツ語になじみのない読者にも役立つはずである。

ローマ教皇の文書は、バチカンの英語版の公式ウェブサイトから入手したものである。本文中の括弧内の数字は、原典の段落番号である。ドイツの連邦憲法裁判所(Bundesverfassungsgericht)の判決からの抜粋は、BVerfGE と記載し、その後にファイル参照記号を入れている。

目　次

第一章　「空っぽ頭の道徳家たちの合い言葉」

一　たわごと？

ショーペンハウアーは一九世紀における最も陰鬱な哲学者であり、人間の尊厳をめぐる議論に対して、いかにも彼らしい偏見を抱いていた。

この人間の尊厳という表現はかつてカントが用いたものだが、後の時代には、当惑した空っぽ頭の道徳家たち全員の合い言葉になった。道徳家たちは、人目を引く表現の裏で、自分たちには本物の道徳の土台が欠けていること、そもそも意味のあるものなど何ももち合わせていないことを隠そうとしたのである。かれらは狡猾にも、読者は自分に尊厳がそなわっていると思い込んだら喜び、たいへん満足するという事実を当てにしていた。

さて、ショーペンハウアーは正しいのだろうか。「尊厳」の議論は、単なるたわごと――尊大な上っ面だけの、実体を伴わない、私たちの自尊心へのおべんちゃら――なのだろうか。

現代の政治的、倫理的な議論において「尊厳」という言葉がどれほど重要になっているかを考えるとき、このショーペンハウアーの批判は困りものである。尊厳は、現代的な人権の言説の中心にあり、政治生活の規範的規制のために国際的に受け入れられた枠組みに最も近いものであり、数多くの憲法や国際条約、宣言に組み込まれているからである。尊厳は、たとえば、一九四〇年代末のふたつの基礎的な文書、すなわち国際連合の世界人権宣言(一九四八年)とドイツの憲法にあたるドイツ連邦共和国基本法(一九四九年)において、きわめて重要な役割を果たしている。これは、それぞれの条文において尊厳の概念が際立つ位置を占めていることからも明らかである。世界人権宣言の第一条の最初の文章には、「すべての人間は、生まれながらにして自由であり、かつ、尊厳と権利において平等である」とあり、もう一方のドイツ基本法の第一条には、「人間の尊厳は不可侵である。これを敬い、保護することは、すべての国家権力の義務である。ドイツ国民は、それゆえに、侵すことのできない、かつ譲り渡すことのできない人権を、世界のあらゆる人間社会、平和および正義の基礎として認める」と記されている。

だが、これらの文書において「尊厳」と人権が密接に関係しているからといって、尊厳に関する議論はリベラルな宗教心の一部にすぎないと思い込んではならない。二〇〇六年八月、イランのアフマディーネジャード大統領(彼の宗教心が厚いことは、彼のリベラリズムよりも明白だと言って間違いないだろう)は、ドイツのアンゲラ・メルケル首相に奇妙な書簡を送っている。アフマディーネジャード自身の言葉を引用すると、この書簡は次のような信念に従って書かれていた。「私たちは皆、全能の神によって創られました。神は私たち皆に尊厳を与えました。他者にまさる特権をもつ者は誰もいません。そのような確信から出発しつつ、人間の尊厳と価値を守り、権利の侵害と屈辱を防ぐことは、神を信じるすべての者に共通する責任です」。アフマディーネジャードは、尊厳の言説がたいへんお気に入りである。メルケルに手紙を出した直後、彼は、イランの核計画を国際的な管理下に置くべしという呼びかけを拒否した。彼は、イランが西洋の圧力に屈することはなく、自らの「尊厳の道」を歩み続けるであろう、と主張する。

「尊厳」は、信仰にもとづく倫理的言説にしばしば登場する。それは、何らかの特定の宗教の修辞的な所有物ではないが、カトリックの思想において最も目立っている。一九九五年三月、教皇ヨハネ・パウロ二世が、避妊、中絶、そして現代の生殖技術の利用の問題に取り組むために出した回勅『いのちの福音(エヴァンゲリウム・ヴィータエ)』(25. iii. 1995)では、この言葉が少なくとも五六回使われている。プロテスタントの教義の方には単独の権威ある出典はないが、現代プロテスタントの著作物においても、尊厳は共通テーマのひとつになっている。たとえば神学者ラインホルド・ニーバーは、人間の尊厳は、「自然の『法則』や、古典と現代の文化によって尊厳と結びつけられることになった理性の『法則』を超越するだけでなく、人間存在の構造そのものに逆らったり、それを激しく攻撃したりできるような、唯一無二の自由によって構成される」と語っている。他方で、『人間の尊厳について』の作者として著名なドイツの神学者ユルゲン・モルトマンはこう書いている。「一人ひとりの人間の尊厳は、［人間と］神の客観的な類似性に根ざしている」(これは、ヨハネ・パウロ二世やベネディクト一六世も書きそうな一文である)。

私たちは驚くほど多彩な文脈で尊厳という言葉に遭遇する――いくつか個人的な例を出してみよう。こうやって原稿を書いている私の目の前に、『ニューヨーク・タイムズ』紙のコラムニスト、デイビッド・ブルックスによる「尊厳を求めて」という文章がある。そこで彼は、遠慮や自制にかかわる「尊厳規範(ディグニティ・コード)」と彼が呼ぶものが、アメリカ人の生活から消えようとしていると嘆いている(ブルックスは、オバマ大統領の威厳ある人物像が、この傾向を押しとどめることになると期待した)。二〇〇八年には、ノーベル賞のパロディとして有名なイグノーベル賞の平和賞が、「植物に尊厳があるという法的原理を受け入れたスイス連邦非ヒト生命工学倫理委員会(ＥＣＮＨ)およびスイス市民」に授与された(これについては後でまた論じる)。最近亡くなったサッカーの元イングランド代表監督は、(他のイングランドの監督と同じように)悲痛な敗戦を喫したことがある。そこで彼は、(これも同じく予想通りに)マスコミから罵詈雑言を浴びせられたわけだが、それに対して「冷静さと尊厳」のある振る舞いをしたと、『タイムズ』紙の追悼記事に書かれていた。もっと心をかき乱されることがある。チリのピノチェト政権下で、元福音伝道者(小児性愛者でもあった)に率いられたドイツ人移住者の原理主義的な宗教コロニーが、チリの秘密警察によって、反体制派を拷問し殺害するために利用されていた。そのコミュニティの名前が、尊厳のコロニー(コロニア・ディグニダ)だったのである。(最近、私は「巨大な尊厳をもつ男になれ」という件名の迷惑メールを受け取った。開封はしなかったが、その内容は十分に推測できるだろう。)

しかし、哲学の観点から尊厳の概念を考察すると、状況はかなり異なる。今日では、人間の生活のあらゆる重要な領域——スポーツから建築、戦争からセクシュアリティまで——に対応して、哲学分野の専門家、会議、雑誌が存在しているようだ。ところが尊厳の概念については、哲学的な関心の欠落が目立つ。たとえば、非常に包括的な参考図書である『ラウトレッジ哲学百科』には、「尊厳」という項目がない。哲学者が尊厳の概念に少しばかり注意を払うとき、かれらの態度はしばしば否定的、あるいは敵対的である。二〇〇二年、哲学者ルース・マクリンは、『ブリティッシュ・メディカル・ジャーナル』誌に論説を寄せたが、そのタイトルは議論の中身をとてもうまく要約している。「尊厳は役に立たない概念だ。この言葉には、人びとないしかれらの自律（autonomy）に敬意を表するという以上の意味はない」。マクリンによると、「尊厳への訴えは、他のより正確な観念を曖昧に言い換えたものであるか、またはそのテーマの理解に何もつけ加えない単なるスローガンであるか、どちらかである」。

マクリンにとっては（ショーペンハウアーと同様に）、尊厳の概念は、せいぜいのところ余分なものでしかない――それに中身があるとしても、自律という別の価値に由来しているというのである。尊厳について英語で文章を書く比較的少数の現代哲学者のあいだでは、そのような尊厳の見方が一般的である。ここで、ジェイムズ・グリフィンが次のように書くときに何を意図しているか考えてみよう。「合理的な主体性（agency）の主要な部分をなすのは自律である。そして合理的な主体性は、哲学者がしばしば不必要なほど曖昧に人の『尊厳』と呼ぶものを構成している」。これが哲学者の故ジョエル・ファインバーグの見解でもあることは、明らかだと思われる。「人びとを敬うというのは、単純に、かれらの権利を敬うことかもしれない。だとすれば、一方がなければ他方は成立しえない。『人間の尊厳』と呼ばれるものは、単純に、要求を主張する明確な能力のことかもしれない。そうすると、ある人を敬うことは、あるいはある人が人間の尊厳を有すると考えることは、単純に、その人は潜在的に要求を主張できる者だとみなすということである」。ファインバーグにとって、人びとの尊厳を敬うことはまさに人びとを敬うことである。そして、私たちは法律を敬うのとまったく同じやり方で、人びとを敬うのである。ちょうど私たちが時速五〇キロ未満で車を運転することで速度制限を尊重するように、私たちは人びとの権利を敬うことで——人びとが拷問や恣意的逮捕などにさらされないようにすることで——人びとを敬うのである。

このように、尊厳は余分なもので、別のより根本的な価値によって置き換えられうるという考え方がある。しかしこれは、現代の道徳的な言説において尊厳の概念を用いることに懐疑的になる理由としては、唯一のものではないかもしれない。別の可能性として、尊厳には明確な価値があるけれども、それは世界人権宣言やドイツ連邦共和国基本法が有しているような普遍的な道徳的価値とは違うものだ、ということがありうる。尊厳は、すべての人間が単純に人間であることによって有する特徴というよりは、より控えめで限定されたものになる。つまりそれは、人間の振る舞いを通じて自らを表現する美的な性質であるか、または(何か別のものだとすれば)美徳だということになる。この見方では、(少なくとも)ある種の人びとが、(少なくともあるときに)威厳をもつ(dignified)。しかし、ここでは尊厳は、人間の普遍的で不可譲の属性ではないことになる。尊厳は、国家や人類の同胞たちの行動と関連して、人びとに平等で基礎的な法的資格を与える根本的な理由をなすような何ものか(より簡単な言葉で適切に表現すれば、人権)ではない、ということになる。

尊厳への懐疑論は、最後に、第三の形をとりうる――尊厳はそれ自体としては一貫した意味をもたず、一連の外的な政治的、社会的、宗教的な信念によって内容が与えられる、という考え方である。この言葉それ自体は、単なる入れ物として機能することになる。

「尊厳」という言葉の使われ方にバリエーションがあることは疑いようがない。尊厳を、全面的に対立する道徳的立場の唱道者たちが引き合いに出すこともある。たとえばヨハネ・パウロ二世は、尊厳は、受胎の瞬間からあらゆる生命機能が停止するまでにわたり、すべての人間の命の不可侵性を要求するものだと信じていた。他方、スイスの有名な非営利団体ディグニタスは、「尊厳をもって死ぬ」ことを希望する人びとの人生の幕引き役を務めることでよく知られている。カトリック教会は、一人ひとりの人間の尊厳を肯定することと、「同性愛行為は本質的に異常である」という自分たちの教えは、矛盾しないと主張する。他方、ディグニティUSAは、それ自身の表現によれば、「ゲイ、レズビアン、バイセクシュアル、トランスジェンダーのカトリック教徒が肯定され、自らの精神とセクシュアリティの統合を通じて尊厳を経験し、神に愛される者として教会と社会の生活のあらゆる面に完全に参加できるようになる。そのような時代を構想し、そのために活動する」組織である。

あるいは、ジェイシー・アフーダさんのケースを考えてみよう。BBCが報じたように、サンパウロのバンデイランテ大学の学生であるアフーダさんは、とても短い赤いドレスを着て授業に参加したために、同級生からの「嘲笑と侮辱を引き起こした」。彼女は「倫理的な原理、学問の尊厳、および道徳を敬う態度の著しい欠如」を示したとして、大学から追放された。しかし、多くのメディアが報道した結果、大学はその決定を覆した。そしてアフーダさんの弁護士は、「尊厳が踏みにじられたこと」を理由として彼女への損害賠償を求める訴訟を起こした。

そこで、興味深い問いは、「尊厳」という言葉の使われ方が変わりやすいかどうか――誰がそれを否定できるだろうか――ではなく、それが変わりやすいのはなぜか、である。ある言葉の意味が、それを動機づける考え方が複雑だというだけの理由で混乱しているとしたら、そのことで哲学者の仕事が妨げられてはならないのではないか。そのような混乱を解きほぐすことが、私たちの本来の仕事(の少なくとも重要な一部)なのではないだろうか。私は実際、この言葉に異なる(しばしば反対の)使われ方があることの背後には、体系的な理由が存在していることを示すつもりだ。尊厳の考え方を明確に理解するために私が最良だと考える方法は、概念のルーツに戻ることである。このルーツは――政治生活における非常に興味深い他のすべての概念と同じく――歴史的なものである。しかし、そうやって歴史をさかのぼる前に、この本の私のプロジェクトについてもう少し話をさせてほしい。

この第一章の残りの部分では、この言葉がどのように異なる意味で使われてきたか、いくつかたどってみる。尊厳の歴史を提示する非常に一般的な方法のひとつは、私が「拡大する円」の言説と呼んでいるものである。この観点から見ると、尊厳の性質は、かつては社会的エリートの属性であったけれども、権利の考え方と同じように、それは外向きおよび下向きに拡張されて、すべての人間に適用されるようになった。これはまさに、人間の基本的平等が一般化して受け入れられるに至る偉大で長い過程の一部である。この構図には正しい(そして魅力的な)ところがある。しかし、今日、「尊厳」という言葉がどのように使われているか――そしてなぜそれが多くの意見の不一致の原因となっているか――を理解しようと望むなら、そこでは除外されているものも重要である。歴史が示すように、尊厳の意味のなかには重要でそれぞれに目立つ要素が存在していて、時代によってそれらが一緒になったり離れたりしてきたのである。この歴史の重要な特徴として、尊厳が、常に人間だけ――人間そのものであれ、そのなかの特別なエリート集団であれ――に限定されるとみなされてきたわけではない、ということがある。このことを「拡大する円」の言説に当てはめるのは難しい。もうひとつの特徴として、一九世紀、カトリック教会が「尊厳」という言葉を、猛烈に反平等主義的な言説の一部として使っていたということがある。後になって、他と同様にカトリックの考え方においても、人間の尊厳の観念は平等および人権と関連づけられるようになった。この事実は、単に、民主主義に向かう長く真っ直ぐな道におけるさらなる一歩というものではなく、鋭くて重要な（そして、私が思うには非常に歓迎すべき）知的変化を示すものであった。

第二章では、最近の法的言説におけるいくつかの「尊厳」の使われ方に目を向ける。世界人権宣言とドイツ連邦共和国基本法における非常に際立った言明の後押しを受けて、尊厳を「内的で超越論的な核心（inner, transcendental kernel）」――すべての人間がその内に不可譲にそなえており、ただ人間であるというだけで道徳的に要請できるものの根底にあるような、無形のもの（そして、国家にはそれを守る義務がある）――として想像しようとする自然な傾向が存在する。尊厳がこのようなものだと考えられるならば、非常に多くの哲学者たちがそれに怒りっぽくなるのも無理はない。もちろんカント主義者とカトリック教会は、この内的で超越論的な核心が何であるかを確かに説明している――しかしそれは、より広い形而上学的なコミットメントを含むものであり、（控えめに言っても）誰もが受け入れられるわけではない。さらに、私がみる限り、この尊厳の基本的なとらえ方を（たとえばドイツにおいて）現実に応用しようとする試みは、私たちが期待するような形で原則から応用までの説得力のある道筋を示すことができないでいる。実際、この内的で超越論的な核心にもとづくとされる法的判断は、私がこの第一章で区別していくような他のいくつかの「尊厳」の意味(たとえば、威厳のある振る舞いをすることや、人間性への敬意を表するような方法で扱ってもらえること)を持ち込むことによって実質が与えられている。私はそのように考える理由を説明することになるだろう。

最後に、尊厳が人間性の価値に対する敬意の表明を伴うという考え方は、きわめて興味深く、深淵で、かつ重大な(と私が信じている)哲学的難問を生じさせることになる。それを果たすことで誰も恩恵を受けない場合にも——少なくとも、死者を「尊厳をもって」扱うような場合が当てはまると思われる——、なお私たちが人間性に対する敬意を表する義務を負っているのはなぜだろうか。第三章では、この難問に対する非常にラディカルな答えを提案することにしたい。そこで提唱される倫理に対するアプローチは、この主題に関する今日的な思考を支配するものとは大きく異なるものである。

本書の三つの章すべてにまたがるテーマは、どうすればカントの尊厳観を最もよく理解できるだろうか、というものである(それにはちゃんとした理由がある——マクラデンに対する私の最初の反応は完全な間違いではなかったと思う)。カントは、尊厳と、すべての人間は無条件的かつ内在的な価値をもつという考え方とを結びつけるにあたって、歴史的に重要な役割を果たした。そして、何よりもカント(とりわけ、人間は常に目的として扱われるべきであり、けっして手段としてだけ扱われてはならない、という彼の有名な言明)に言及することを通じて、尊厳を敬うという原理を、実践的、道徳的、法的な判断へと転換しようとする試みがなされてきている。したがって、私たちがこの言葉の歴史、その概念の構造、そしてその応用について理解しようとすれば、カントを避けて通るわけにはいかない。さらに、カントの道徳哲学が適切に理解されるならば、それは実のところ、第三章で議論する難問の解決を困難にしているような、道徳の性質に関する今日支配的な正統派の考え方に挑戦するものになるだろうと、私は主張するつもりである。それが道徳に関するカントの「プラトン主義」(と私は呼ぶ)を受け入れることを意味するとは、私自身は思わない。そうすることなく、道徳的義務の観念に独立した場所が与えられるとすれば、私にとって、非常に説得力があることである(本書の議論を終えたとき、すべてが順調に進み、読者もそう思ってくれるよう期待する)。

二　キケロとそれ以降

　歴史的な現象が、川の始まりの泉のように地面から水が湧き出す、つまり、単一の起源に由来するようなことは、めったにない。「尊厳」も同様である。もともと「尊厳」は、高い社会的身分を示す概念であり、そのような立場にいる人びとにふさわしい名誉、あるいは敬意を込めた扱いを意味する概念であった。似たような尊厳のとらえ方を表現する言葉は、古代語を含むほとんどの言語に存在する。親切な情報提供者が、そうした言葉はたとえば中国語、日本語、韓国語、アラビア語、ペルシア語にもあることを私に教えてくれた。ヘブライ語聖書の英語版のジェイムズ王訳では「尊厳」が四回使われているが、それらはヘブライ語の三つの異なる単語を訳したものである。これら三つの単語もまた、すべて「高尚」や「威厳」といった意味を含んでいるように見える。しかし興味深いことに、現代ヘブライ語において尊厳の訳語として好んで使われる言葉は、これらの地位に関連する言葉のひとつではなく、『創世記』第一章第二七節(ジェイムズ王訳によれば、「神は自分のかたちに人を創造された。すなわち、神のかたちに創造された」)に由来する「ベツェレム」であるという。ベツェレムは、「占領地における人権のためのイスラエル情報センター」という称賛に値する人権団体の名前でもある。

　しかし、西洋の伝統における尊厳の考え方は、その最初期においてさえ、ただ単に特定の社会秩序のなかで諸個人に高い地位を与えるというだけのものではなかった。これは、巨大な影響力をもった古代の書物、すなわちローマの弁論家キケロの『義務について』でも明らかである。キケロはこれ以外の著述では、尊厳(ディグニタス)を地位にかかわる伝統的な言葉として使っている。たとえば、尊厳ある余暇(クム・ディグニターテ・オーティウム)という成句を用いて、秩序ある共和政体において最高の男たち(オプティミ)はどのように生きるべきかを特徴づけるのである。ここでのディグニタスは、明らかに「名誉」あるいは「名誉ある場所」のようなものを意味している。ところがキケロは、『義務について』では、人間が尊厳をもつのは動物ではなく人間だからだ、と考えている。彼はこう記している。「少しでも義務の性質を調べようとすれば、人間性が牛やその他の動物の性質よりもどれだけ優れているか、常に覚えておくことが絶対に必要である。それらの動物の頭のなかにあるのは肉体の満足だけである。……逆に、人間の精神は学問と省察によって発達する。……ここから私たちは、感覚的な喜びは人類の尊厳にまったく値しないということを知るかもしれない」。ストア派は、人間は自分たちを「世界市民」とみなすべきであると教えていた。キケロのこの一節における「尊厳」の使い方が、その考え方の延長線上にあることは確かである。重要なのは、特定の社会において一定の個人や集団が他の人びととの関連でどのような地位を占めるかではなく、宇宙の秩序において人間全体がどのような地位を占めるかである。というわけで、まさにその端緒から、尊厳は人間そのものについて何かを論じる方向へと置き換えられ、拡張されたのだった。

尊厳における地位という側面は、この言葉の歴史を紡いできた基礎的な要素のひとつであるが、古代ローマにさかのぼる尊厳の意味には、また別の側面があったこともここで紹介しておく必要がある。この側面は、ずっと後の時代になって、はじめて政治的な重要性を帯びていくことになる。ディグニタスという言葉は、ラテン語においては、芸術とりわけ修辞学に関連する批評的な語彙の一部として機能していた。ディグニタスとその関連語であるグラビタスは、(とりわけキケロの『弁論家について』において)重々しく荘厳な演説を特徴づけるものとして使われていた。それは、軽くて可愛げのある言説(グラティアスやヴェヌストゥスといった言葉が使われる)とは対照的なものであった。そして、(私たち自身の現代的な使い方がそうであるように)この言葉は、演説の作法だけでなく、話者である彼――常に「彼」である――自身を指すものとしても使われた。尊厳の観念と「威厳ある」態度とのつながりのルーツが、ここにある。

「尊厳」はキリスト教の時代になっても、地位を示す言葉として使われていった。たとえば、四九四年、ローマ教皇ゲラシウス一世は、東ローマ帝国皇帝アナスタシウス一世に宛てた非常に有名な書簡において、教会と国家の関係について論じている。そこにはこう書かれていていた。

世界を主に統治している力は、ふたつある。聖職者の神聖なる権威と、王家の権力である。これらについては、聖職者の責任の方が、神聖なる裁きの際に人びと自身の王にかわって答えを出す限りにおいて、より重いものとなる。最も寛大なる息子よ、あなたは尊厳においてはすべての人類よりも上位にあるが、それでもあなたは、神聖なる事柄を担う人びとに信心深く首を垂れ、かれらからあなたの救済の術を得ようとすることだろう。

教皇ゲラシウスが、「尊厳」という言葉によって、皇帝の世俗的な地位(ポテスタス)のことを言おうとしていたのは明らかである。彼はこの地位を、(究極的にはもっと重要な)教会の神聖なる権威(アウクトリタス)および神を前にした皇帝の立場と、対比している。しかし、地位によって「尊厳」をとらえようとするキリスト教の態度は、永続的な緊張をはらむ。地位の逆転——「後にいる者が先になる」——という観念はキリスト教の社会思想における基礎的な典礼句(実際には、もっとも基礎的な典礼句だと言っておこう)であり、それはふたつの方向を示している。まず一方では、地位の逆転という観念は、教皇ゲラシウスの書簡にあるように、他の霊的な価値の名のもとに、(世俗的な地位として理解された)尊厳の価値の拒絶にまで行き着くことがある。しかし他方では、宗教上の謙虚さそれ自体が真の尊厳とみなされることもある。イギリスの美術批評家ジョン・ラスキンは、『ゴシックの本質』という書物のなかで、この基本的な考え方を美しく表現している。ラスキンによれば、キリスト教は「すべての魂の個別的な価値を、偉大なものと同じように小さきもののなかにも認識する。しかし、それはただその価値を認識するというだけではない。それは、自分は無価値であると認めることに対して尊厳を授けることによってのみ、その不完全さを告白するのである」。（イエスは、百人隊長（センチュリオン）の娘を助けるために彼の家に行こうと申し出た。そのときの百人隊長の言葉である「主よ、私はそれに値する者ではありません（ドミネ、ノン・スム・ディグヌス）」は、カトリックのミサの一部として神父によって繰り返される。）

キケロは、特定の社会における個人の立場から、より広い現実の秩序の内部において人間が占める場所の問題へと、尊厳を拡張した。この拡張の動きはルネサンスの時代にふたたび取り上げられることになる。最も有名なのは、『人間の尊厳について（デ・ディグニターテ・ホミニス）』として知られるピコ・デッラ・ミランドラの弁論草稿であろう（「として知られる」と書いたのは、このタイトルはピコの死後につけられたことが今ではわかっているからである）。この弁論において、ピコは人間の本質を説明しているが、それはいろいろな意味で、現代世界における人間の自己理解に大きな影響を与えていくことになった。ピコによれば、人間の独自性は、人はあらかじめ定められた役割を果たすだけではないところにある。それどころか、人間は自らの運命を選びとる。というのも、神は人間に対して、一連の可能性に従って自分自身を形づくっていく能力を与えており、そのような可能性は他の被造物には与えられていないからである。ピコの弁論は、やがて現代の人権文書に見いだされる尊厳の使われ方につながっていくような、比較的明快な道を拓いたように見えるかもしれない。「尊厳」は、特定の社会において少数の人びとが占める高い地位にかかわる事柄から始まって、自己決定の能力と密接に関連しているような、人間一般の特徴を示すものに変化するのである。しかし、実のところ、これも尊厳の考え方の発展における要素のひとつであるにすぎない。今日の尊厳という言葉の使われ方(およびその下に横たわる不一致の源泉)を理解しようとするなら、より複雑な物語が語られる必要がある。

一六二三年、フランシス・ベーコンは、自身の著書『学問の進歩』のラテン語訳増補版を、『学問の尊厳と進歩(デ・ディグニターテ・エト・アウグメンティス・シエンティアルム)』という書名で出版した。ディグニタスという言葉が、驚くべきことに、ここでは抽象的なもの——すなわち学問——に適用されている。ここでの尊厳は、明らかに社会的な地位の問題ではない。人間は神が創造したより広い社会の一員であるという、尊厳の広義の意味に従って考えたとしても、同じことである。実際、書名にあるディグニタ―テの最も直接的で自然な訳語は、「価値」(worth または value)であろう。ただし、ベーコンは「尊厳」という言葉を、そのようなただひとつの意味で使っているわけではない。たとえば彼は、(「素晴らしい場所について」という小論の冒頭で)こう書いている。「高い場所に上がるのは骨の折れることであり、苦労によって人びとはさらなる苦労に至る。それはときに下劣なものであり、屈辱によって人びとは尊厳へと至る」。教皇ゲラシウスから皇帝への手紙と同じく、この場合の「尊厳」は明らかに高い社会的地位(「場所」の同義語)にかかわる事柄であるが、彼が指摘する皮肉な点は、そのような地位に到達することにかかわる振る舞いはそれ自体が「威厳ある」ものではないということである。ここで私たちは、尊厳の三つの大きく異なる意味――人間だけに限定されない価値ある特徴としての尊厳、高い社会的地位としての尊厳、そして、敬いに値する特定の性格を帯びた振る舞いとしての尊厳(あるいはそれが欠けた振る舞いとしての屈辱)――が、今日そう見えるのと同じように、近世においても、単一の著述家の文章のなかに共存しているのを見てとることができる。

一七世紀になると、ラテン語と同じように英語でも、「尊厳」が価値判断にかかわる言葉としてより広く使われているのが見られる。ミルトンは、一六四四年の『離婚の教理と規律』の序文において、結婚の価値は男性と女性の社会的関係の性格のなかにあると主張している。ミルトンはこう書く。「神は、最初に結婚を定めたとき、どのような目的をもってそれを定めたのかを私たちに教えた。人を孤独な生活の不幸から守り、慰め、元気づけるための男女の適切かつ快活な会話が目的であるということを、はっきりと示唆する言葉づかいであった。子づくりという目的に関しては、必要性についてはともかく、尊厳においては二次的な目的でしかないとして、後になるまで言及されなかった」(強調は筆者)。ミルトンは尊厳を、人間ではなく、結婚そのものでもなく、結婚が奉仕する意図に属するものとみなしている。

このように何ものか——とても抽象的なものかもしれない——にある種の価値を与える「尊厳」の使い方には、実のところ、深いルーツがある。最も影響力のあるカトリックの思想家である聖トマス・アクィナスは、『命題集註解』において尊厳に明快な定義を与えている。「尊厳は、それ自体を理由とする何ものかの善きことを意味する」。つまり、アクィナスにとって「尊厳」とは、今の私たちの言い方をするならば、何ものかの内在的な価値——聖書と自然法が啓示するように、それが神の創造物のなかで適切な場所を占めることによって有する価値——を指す言葉なのである。(ところで、何ものかが神によって造られ、したがって神に従属しているという事実があるからといって、それが「それ自体を理由として」善きことをもたないというわけではない。その善きことはなお、その特定のあるがままのものに内在的であるかもしれない。それをそのように創り出したのは神であったとしても、である。）適切な場所を占める何ものかに内在する価値という意味での尊厳は、とりわけカトリックの尊厳の言説を貫いている重要な要素のひとつである。そして、その観点からすると、尊厳をもっぱら社会的地位をめぐるものと考えている場合とは、問題がいくぶん異なってみえてくる。この見方によれば、確かに人間は尊厳をもつけれども、尊厳は本質的に人間だけに限定されるものではないのである。世界は多くのもので構成されており、そのすべてが究極的には神によって創造されている。したがって、それぞれが自らの尊厳を有していることになる。そこで重要な問いが生じる。尊厳を有するという具体的なものは、どのような種類の尊厳を有しているのだろうか。それらは何を理由として尊厳を有しているのか。

そこで、ピコ・デッラ・ミランドラの弁論草稿に戻ると、それは、人間はどのような種類の尊厳をもつかという問いへの答えを与えるものであったことがわかる。ベーコンの『学問の尊厳と進歩』は、学びの場所や価値といったことを問いかけている。尊厳をもつ異なるものは、異なるやり方で尊厳を有しており、それらは異なる理由で尊厳を有しているかもしれない。そのようなわけでパスカルは、『パンセ』の最も有名な断章のひとつにおいて、人間が他の自然よりも高められた尊厳を有するとみなす点ではピコに同意するけれども、それが何でできているかについては異なる説明を与えるのだった。

> 人間は葦にすぎない。自然のなかで最も弱いものである。しかし、それは考える葦である。宇宙は、かれを押しつぶすために武器をとる必要はない。蒸気でも、一滴の水でも、かれを殺すのに十分である。しかし、たとえ宇宙がかれを押しつぶしても、人間はかれの殺害者よりも高貴であろう。なぜなら、かれは自分が死のうとしていることを知っており、宇宙が自分よりも優位に立っていることを知っているからである。そんなことを、宇宙は何も知らない。したがって、私たちの尊厳のすべては、考えることのなかにある。（強調は筆者）

一六五九年、ボシュエ司教は、「教会における貧しい人びとの卓越した尊厳について」という説教を行っている。ボシュエ司教はフランス国王ルイ一四世の宮廷説教師であり、当然ながら、社会的平等の擁護者ではなかった。ボシュエ司教は、貧しい人びとに「卓越した尊厳」を与えることによって、貧しい人びとに貴族と同等（またはそれ以上）の地位を与えるのではなく、むしろ適切に秩序づけられたヒエラルキーの内部において、貧しい人びとは独自の特徴的な価値を有すると主張しようとしていた。それぞれがともに尊厳をもつが、尊厳の内実はそれぞれに異なるというわけである。ここで、少しばかり、スイス連邦非ヒト生命工学倫理委員会を擁護しておこう。イグノーベル賞は「最初に人びとを笑わせ、次に考えさせる」業績に対して（『風変わりな研究の年報』によって）与えられるのだが、植物に尊厳を見いだしたことは、まさにそれに値するものだったと思う。連邦倫理委員会が植物は人間と同じ種類の尊厳をもつと主張していたら、それは本当に笑うべき主張になっていただろう。しかし、私たちがこのカトリックの伝統を真剣に受け止めるなら、あらゆる尊厳が人間の尊厳だとは限らないのである。人間の尊厳は、（非常に重要ではあるけれども）尊厳のひとつの形でしかない。おそらく植物にも、擁護されるべき内在的な価値がある。これは、（イグノーベル賞委員会が望んだように）少なくとも考えてみるべき論点である。

三　カント

ここまで私は、尊厳の意味にかかわる三つの要素を区別してきた。一七世紀と一八世紀を通じて、尊厳という言葉はこれらのすべての意味で広く使われていたが、その概念が政治思想において果たした役割は小さなものにすぎなかった。それが変わったのは、現代の人権理論の全体がその巨大な功績の上に構築されているところの思想家、すなわちイマヌエル・カントが登場してからである。尊厳を歴史的に説明しようとすれば、必ず、カントの尊厳の思想をその中心に据えることになる。なぜならそれは、後の時代の人びとに非常に大きなインスピレーションを――正しかろうと誤っていようと――与えることになったからである。とはいえ、カントの倫理学の思想において尊厳が果たす役割は、それほど単純なものではない（というか、残念なことに、容易に説明できるものではない）。

ドイツ語において尊厳を表す言葉はヴュルデ（Würde）であり、これは語源としては、英語の価値（worth または value）にあたるヴェーアト（Wert）と密接に関連する言葉である。形容詞のヴュルディヒ（würdig）には、「価値がある（valuable または deserving）」（「褒美に値する（deserving of reward)」という表現のように)と「威厳がある(dignified)」という両方の意味がある。(これはラテン語の「主よ、私はそれに値する者ではありません」と英語での表現に共通するものである。ドイツ語のヴュルデと当然ながら語源を同じくする英語の worthy にも、同じような二重性がある。たとえば、私たちは「価値ある勝者(worthy winner)」と言うだけでなく、「地元の名士(local worthy)」または「お偉方(dignitaries)」といった言い方をする。)英語やラテン語と同じ(ただし、やや曖昧な)やり方でドイツ語のヴュルデが使われている事例は、現代ドイツの散文に至高の影響を与えたマルティン・ルターの文献に見いだされる。ルターは『キリスト者の自由について』のなかで、真のキリスト者の霊的条件を特徴づけるために尊厳という言葉を用いている。

　私はすべてのことを自分の救済に役立てることができる。十字架と死でさえも、私に仕え、私の救済のために協力し合うことを余儀なくされるのだ。これは、高尚で卓越した尊厳であり、正しい全能な支配であり、霊的な王国である。私が信じてさえいれば、どれほど善きものであれ、どれほど悪しきものであれ、協力し合って私に利益を与えないものはない。

さて、実際にはカント自身は、ひとつの著作を除いて、ヴュルデという言葉をあまり多くは使っていない。ところが、そのひとつの著作というのが、『道徳形而上学の基礎づけ』(一七八五年)――カントの倫理学の著作のなかでもずば抜けて有名で、よく研究されてきたもの――なのである。したがって、尊厳の概念が彼の思想の中心にあるとみなされるようになったのも、驚くべきことではない。

この『道徳形而上学の基礎づけ』において、カントはヴュルデという言葉を一六回使用している。最も重要なのは四カ所(五回目から八回目)であり、次のような文章で説明されている。

> 目的の国においては、すべてのものは、価格または尊厳を有する。価格を有するものは、その等価物である何か別のものに置き換えられうる。他方、すべての価格の上にあるもの、したがって等価物が存在する余地がないものは、尊厳を有している。
>
> 人間の一般的な心の傾きと必要に関係するものは、市場価格を有している。必要を前提としなくても、ある種の趣味と一致するもの、すなわち、人間の精神の力が目的をもたずに単に戯れているときに生じる喜びと一致するものは、空想価格を有している。しかし、何ものかがそれ自体として目的となるための条件を構成するものは、相対的な価値、すな

わち価格ではなく、内的な価値を有する。それが尊厳である。

さて、ある理性的な存在者がそれ自体として目的となるための唯一の条件は、道徳性である。というのも、道徳性を通じてのみ、目的の国の立法する構成員になることができるからである。したがって道徳性、そして道徳性をもちうる限りでの人間性が、尊厳を有する唯一のものである。(*Ak*. 4: 434–435)

この濃密で複雑な文章は、カントの道徳観の核心に直結している。カントは明らかに、二種類の価値を区別している。つまり、代替可能な(置き換えられうる)ものと、「内的な価値」をもち「すべての価格の上にある」もの、あるいは彼がその次の頁に書いている「無条件的で比較できない価値」をもつものと、である(*Ak*. 4: 436)。実際、私たちは後者の言い回しによって、カントによる「尊厳」という言葉の用法の大部分を置き換えることができる。だから、カントが続けて「人間性の尊厳の根拠となるのは自律である」(*Ak*. 4: 436)と書いているところは、人間性の無条件的で比較できない価値の根拠をなすのは自律であると言っているのだと、容易に読み換えることができるだろう。

カントの『道徳形而上学の基礎づけ』における尊厳の中心的な概念は、「内的」および「無条件的」な価値である。それは、何ものかが「それ自体を理由として」もつ善きことというトマス・アクィナスによる尊厳の定義と、驚くほど似ていることがわかる。しかし、尊厳の概念が何に当てはまるかについての彼らの見解は、これ以上は離れようがないほどに隔たっている。アクィナスにとって、多くのものは、それ自体を理由として善きものになる(実際、神によって創られたものは、被造物の秩序のなかで適切な位置を占めている限りは、すべて善いといって間違いないだろう)。他方、カントにとっての「尊厳」は、価値あるものの集合の性質であるが、結局のところ、この集合の要素はひとつしかない。すなわち「道徳性、そして道徳性をもちうる限りでの人間性」である。

このことは、いささか複雑で曖昧な考え方だと思われるかもしれないが、実のところ重要である(そして、私が知る限り、あまり気づかれていない)。そこで、ある比較を示すことで、この考え方をより明確にすることを試みよう。ある教員が、ひとりの学生の作品が「賞に値する」と宣言する場面を想像してほしい。ある作品が賞に値すると言うことは、明らかに、それはよいと言っていることになる。しかし、その何がよいかを言っているわけではない。私たちは、作品が実質的な価値をもつことがどういうことなのかを知っている——うまく表現できている、独創的である、詳細である、洞察力がある、といったことである。これらの特徴については、私たちは基準をもっている。しかし、私たちは「賞に値すること」の独立した基準はもっていない。そのかわりに教員は、その作品がより具体的で価値ある特性(の何らかの組み合わせ)をもつという理由で、賞に値すると判断するのである。したがって賞に値することは、実質的な価値ではなくて、そのような他の性質を有していることに由来するのである。これらの性質のおかげで、賞に値する作品は、単にほめるに値する仕事とは異なる意味においてよいものとなる。カントにとって尊厳は価値そのものではなく、一種の価値であると私が言うのは、これと似たような意味である。

『道徳形而上学の基礎づけ』におけるカントの尊厳論は、ここではあまり追いかけないけれども、哲学的に重要ないくつかの難問を残している。(「内的な価値」とは何を意味するのだろうか。「内的な価値」をもつあらゆるものは「無条件的」であり「すべての価格の上にある」と私たちが信じるべき理由は何だろうか。) しかし、これらの問いに私たちがどう答えるにせよ、カントの道徳理論のある特徴が、ここでは否応なしに目立った姿を見せている。それは、厳格さとラディカルさの驚くべき組み合わせである。「無条件的で比較できない」価値をもつものがひとつだけあるが、それは道徳性それ自体である——道徳性の究極の目的は道徳性なのだ！　カントを解釈するにあたって、この考え方がどのような含意をもつかについては、また後で戻ってくることにしよう。この章における私の主たる関心は、歴史的なものである——尊厳に関するカントのこれらの考えは、尊厳の理解がより幅広く発展していく流れのなかにどう組み込まれていったのか、である。

すでに見てきたように、ここで中心になるのは、何であれ尊厳をもつものは、それに内在する「無条件的で比較できない」価値を有するという考え方である。この考え方はトマス・アクィナスのものと似ている。しかし、ふたりの思想家には根本的な違いがあることにも注意しなければいけない。アクィナスの考えでは、少なくとも潜在的には、神の被造物（おそらく植物さえも含まれる）のあらゆる水準において様々な種類の尊厳が見いだされるのだが、カントのとらえ方では、これが人間に限定されるのである。人間だけが（私たちが知る限り）道徳的に行動し、道徳性の訴求力を感じることができる。ピコ・デッラ・ミランドラ（あるいはベーコン、あるいはパスカル）にとって、人間の尊厳をめぐる問いは、人間はどのような種類の尊厳をもっているか、という問いであった。カントの影響力のおかげで、言葉の完全な意味における尊厳はすべからく人間の尊厳であると、今日の人びとは自然に考えるようになった。だが、カント以前はそうではなかった——カント以降もカトリックの伝統においてはそうではなかった。カントの尊厳のとらえ方では、人間は人間以外の被造物とは異なる例外的存在である。道徳性だけが尊厳を有するのであり、人間だけが自らの内部に道徳法(moral law)を保持しているのだから、河川、木々、犬たちと同じような意味で人間が自然の世界の一部だと考えるのは、誤りだということになる。しかし、カントの尊厳のとらえ方は、同時に深く平等主義的でもある。尊厳はすべての人間が共通して有するものである。私たちは皆(つまり、「理性の時代」に到達した者は皆、という意味だが)、社会のなかでどのような場所を占めるかにかかわりなく、尊厳が命じるところに支配されるのであり、そのことによって私たちは譲り渡すことのできない内的な価値を与えられるのである。

カントの尊厳観は、アクィナスの場合のように神に依存するわけではない。尊厳を人間に帰属させるにあたって、人間が神の姿に似せて創造されたことや、神が定めた自然なヒエラルキーのなかで人間が「適切な」場所を占めていることには、言及しなくてもよいのである。私たちの道徳的な性質は、人間が神によって自由な存在として創造されたという事実に由来すると、カントは言う(そして、彼が心からそう思っていたわけではないと考える理由はないと私は思う)。しかし、私たちは、この人間の道徳的な性質を、神に対する信仰のあり方とは独立して知ることができるのであり、ここに私たちの尊厳が基礎づけられる。自然の世界が神の意志の支配を受けると考える必要もない——外部の現実がどうなろうとも、人間が道徳性を有している限り、人間は尊厳を有するからである。そうやってカントは、——彼にそのつもりがあったかどうかはさておいて——人間の尊厳の世俗的な理解に通じる道を拓いたのであった。

カントの尊厳のとらえ方が非常に現代的な響きをもつ側面に、自律とのつながりがある。カントによれば、自律は「人間性の尊厳の根拠」(*Ak.* 4: 436)である。「尊厳」を「自律」と同一視する人びと(すでに言及したマクリンやグリフィンなど)は、カントを議論の源泉にしているように見える。しかし、より詳しく見ていくと、そこには疑問が残る。「自律(autonomy)」という言葉は、ふたつの要素で構成される。アウトス(すなわち「自己」)とノモス(すなわち「法律」)である。一見して了解できるところでは、「自己に向かう法律」であることは、自己が主権者であることを意味する。自分の好きなことを選べる絶対君主のようなものだ。しかし、それはカントの考えとはかけ離れている。カントはそのひとつ前の文章で、「法をつくることは、それ自体がすべての価値を定めるのであり、まさにそれを理由として尊厳をそなえていなければならない」(*Ak.* 4: 436)と書いている——それは、まずもって、「法をつくること」が尊厳を有するということである。カントが自律として念頭に置くのは、自分を束縛するものとして私たちが受け入れるべき道徳法は、「自らによって与えられている」ものだ、という考え方である。これは、どのようなものであれ自分に合った生き方を選んでいく個人の能力が自律である、という現代の理解とは、大きく異なるものである。しかし、カントのテクストの正しい解釈が何であろうと、もちろん、それが常に正しく読まれてきたわけではない。少なくとも言えるのは、尊厳と自律という言葉をつなげるにあたって、カントが非常に重要な役割を果たしたということだ。

カントの同じ文章のなかに、今日まで影響を与えるもうひとつの特徴が見いだされる。「法をつくること」が尊厳を有すると主張した後、カントはこう続ける。「理性的な存在者が与えるべき尊厳の評価を適切に表現するには、敬意という言葉しかない」(*Ak.* 4: 436)。尊厳を敬意(respect)と結びつけることで、カントが尊厳を、地位にかかわるその本来の意味に関連づけていることは明らかである——敬うというのは、私たちが地位を認める際にとる特徴的な態度である——しかし、カントは、非常に特徴的で斬新な方法によって、それを行う。カントによれば、敬いに値すると認められるべきものは、特定の社会の内部において個人が占める立場ではなく、世界市民としての人間の一般化された地位でもなく、人間が自らの内部に侵しがたく有しているような、法をつくるという道徳性の機能なのである。

『道徳形而上学の基礎づけ』以外の著述では、カントは、この本質的で敬いに値するような人間の主体性の核心を、敬意を払う義務にかかわるより広い説明に結びつけている。カントは、

『道徳の形而上学』(一七九七年)の「徳論」の第一一節と第一二節において、謙虚さと自尊心について議論している。謙虚さは、カントが言うには、自分自身と他の個人の地位の比較(それは奴隷的な悪徳につながる)から生じるのではなく、自己の内面を観察し、自己および自己の行動と、道徳法が自己に課す要求とを比較することによって生じる。したがって、道徳法は、私たちがいま何であるかと、何であるべきかとの距離を思い知らせることで謙虚さを生み出すはずであるが、それはまた私たちを鼓舞して自尊心(self-respect)をも呼び起こすはずである。「私たちが内において法をつくる能力をもつところから、そして(自然的)人間が、自己自身の人格の内部にある(道徳的)人間を畏敬せざるをえないと感じているところから、そこに同時に、高揚と最高の自己尊重、すなわち自らには内的価値があるという感覚が生じるのである。……この価値の観点からして、人間はいかなる価格よりも上にあり、……譲り渡すことのできない尊厳を有しており、……それがかれに自尊心を植えつけるのである」(*Ak.* 6: 436)。尊厳は、「私たちの人格の内にある人間性」を理由として、私たち全員が有するものである。そして尊厳によって、互いを敬い、自らを敬う義務が基礎づけられるのである。

自尊心は、人間に特有の自己に対する誇りの一形態であり、名誉にかかわるものである――それを高慢と混同してはならない。「(高慢は)本当の意味での誇りとは異なる。……誇りというのは名誉愛、すなわち、他者との比較において自分の人間の尊厳をいささかも明け渡すまいというこだわりである(だから、この意味での『誇り』には、通常は『高貴な』という形容詞が付加される)。その一方で、高慢は、自分を敬うよう他者に要求しながら、他者にはそれを与えない」(*Ak.* 6: 465)。私たち自身の内にある名誉ある誇りは、神に対してさえも毅然として自尊心と自立を示すよう、私たちに求める。「地面にひざまずき、ひれ伏すのは、天にあるものへの崇敬を示すためであっても、人間性の尊厳に反している」(*Ak.* 6: 436)。このように、道徳性に固有の尊厳を承認するカントの考え方は、強力に平等主義的な——そう言いたければ、ブルジョア的と言ってもいい——名誉のとらえ方の根拠をなしている。ここでの名誉は、私たちが万人(自分たちを含む)に対して平等に負っているものである。そしてそれは、劣位にある者と優位にある者の地位のヒエラルキーの一部をなすような貴族的な名誉の理解とは、まったく異なるものである。

最後に、『道徳形而上学の基礎づけ』における「尊厳」の使われ方のなかで、微妙に——しかし大いに——異なる意味をもつものがあることに注意を向けておきたい。カントは、(この言葉が一四回目に登場するところで)義務を「崇高(sublimity)」(エアハーベンハイト)に関連づけているのだ。

義務の概念を考えるにあたって、私たちは法への服従を考える。それでも同時に私たちは、自分のすべての義務を遂行する人間には、ある種の崇高と尊厳があると思い描く。それがどういうことなのか、これまで述べたことから容易に説明できるようになった。この人が道徳法に服従しているというだけでは、その人に崇高を感じることはない。それが確かに感じられるのは、その人が道徳法については同時に法をつくる人物であり、その理由のみによって法に服従しているからなのである。

崇高さは一八世紀の美学の中心的なカテゴリーであり、カントはこれを『判断力批判』(一七九〇年)のなかで幅広く議論している。単純に言えば、崇高さとは、私たちがそれに出会ったときに、私たちの理解を超えて、畏怖と感嘆の念を引き起こすものである。カントによれば、美学的に見て、それは「そのなかに無限性が表象される限りにおいて、形のない対象のなかに」(*Ak.* 5: 244)に見いだされうる。カントは『判断力批判』において尊厳と崇高をつなげた議論はしていないのだが、このつながりは十分容易に理解することができる。(興味深いことに、カントはこのふたつの概念を結びつけて議論したことがあるのだが、それは一七六四年に書かれた『美と崇高との感情性に関する観察』のなかで、議論のついでに触れただけであった。）

ドイツ語のエアハーベンは、英語の「上位にある（superior）」を意味するとともに、「崇高な（sublime）」の伝統的な訳語でもある。したがってカントは、徹底的によい意志がもつ価値のことを、すべての価格の上の「エアハーベン」として描いている。ケンブリッジ版の翻訳――「すべての価格の上にある（raised above all price）」――はもちろん間違いではないのだが、崇高さとの共鳴を表現できていない。それが残念なのは、そのたった二段落前で、カントが「義務における命令の崇高（エアハーベンハイト）と内的な尊厳」に言及していたからである（『基礎づけ』において尊厳が登場するのはここ *Ak.* 4: 425 が三回目である）。道徳法には無条件的な価値があり（カントの用語法では、「尊厳」は「価格」を超えたものである）、それは私たちの自然な傾きとは関係なく保持されている。カントが主張するところによれば、この超越的な性質は畏怖と畏敬の念を私たちに抱かせるはずであり、それは、自然が私たちの知覚の力を超えた現象をみせるときに畏怖を呼び起こす力と類似したものであろう。（この比較は、『実践理性批判』（一七八八年）の結論のきわめて名高い文章を思い出させる。「それらについて何度でも絶え間なく考察するほどに、常に新しく高まるばかりの感嘆と畏敬によって心を充たすものがふたつある。私の上にある星空と、私の内にある道徳法である」（*Ak.* 5: 161）。）

しかし、『道徳形而上学の基礎づけ』の崇高さに関する一節(*Ak.* 4: 439–440)において注目すべきことは、それ以前の箇所とは異なって、そこで言及されている「崇高と尊厳」が、法をつくることないし道徳法の属性ではなく、「自分のすべての義務を遂行する人間がもつ」人格の性質だとされていることである。尊厳は、自らの内部に道徳法を有する限りにおいて万人が有する内在的な性質ではなく、道徳法の命令するところに従う人びとが有する特徴だということになる。これは、カントの「尊厳」の用語法においてはマイナーな側面なのだが(私が知る限り、この一節 *Ak.* 4: 439–440 の他では同じ議論は行われていない)、とても重要なものである。なぜなら、それは尊厳の概念を、これまでのところ遠景に退いていた要素のひとつ——人の振る舞いの特徴としての尊厳、つまり、威厳ある人びと(the dignified)——に結びつけるからである。カントの道徳理論と、目に見える人格の性質や振る舞いとしての尊厳の観念がつながりうることは、フリードリヒ・シラーが『優美と尊厳について』(一七九三年)のなかで掘り下げて探究している。

だが、シラーに移る前に、カントの説明を簡単にまとめておきたい。最も重要なのは、次のことである。カントにとって、何ものかが尊厳を有するということは、それに実質的な価値を付与することではなく、それが特定の種類の価値——内在的で、無条件的で、比較できないもの――を有しているということである。しかし、この内在的で無条件的で比較できない価値を実際に有しているのは、ただひとつ、道徳性であり、道徳性をもちうる限りでの人間性だけである。道徳法がもつ尊厳によって、人間――道徳法の体現者――は敬いに値するものとなる。かれらは他者からの敬意を受けるべきであり、同じくらい重要なことに、かれらは自分たち自身を敬う義務をもつ。人間のなかに存在する道徳法は、二重の性質をもつ。道徳法は、人間を内在的に価値あるものにすると同時に、人間に行動の道筋を指し示す。私たちは道徳法に服従しており、その道徳法の源泉は私たちの内部にあるのだから、人間は「自律」(文字通り、人間自身が法律の源となる)をも体現することになり、それによって自然の世界の「上にある」ものとなる。こうして、道徳法がもつ尊厳は、「崇高な」何ものかとしての尊厳の観念に結びつく。このように、カントの考え方は「自然主義」的な理論(人間の特殊性を否定するもの)ではないし、尊厳を宗教的な見方に依存させるものでもない。私たちは、尊厳を認識するために、創造主である神の意図を理解する必要はないのである。人間には尊厳がある。なぜなら道徳法、すなわち内在的で無条件的に価値がある固有のものが、私たちのなかに、私たちのなかだけに、具現化されているからだ。この「内的で超越論的な核心」は、私たち全員が平等に共有しているものである。カントの影響のもとで、尊厳は常に人間の尊厳であること、そして、尊厳と平等は両立することが自明のものとなった（少なくともカトリックの伝統の外部においては）。

四　優美と尊厳

威厳ある態度を指すものとしての「尊厳」は、一八世紀の批評文献のカテゴリーとして広く使われていた。（たとえば、デイヴィッド・ヒュームの親戚で友人でもあったケイムズ卿ヘンリー・ホームの著書『批評の原理』（一七六二年）には「尊厳と優美」という章が含まれており、それはアダム・スミスの『道徳感情論』とよく似たスタイルで書かれていた。）シラーの『優美と尊厳について』（一七九三年）も、その伝統を継承していると考えられる。しかし、このシラーの作品は、その方法において素晴らしく独創的である。この作品は、優美と尊厳という重要な概念を取り上げつつ、これらを用いて、カントの道徳哲学と、シラーの友人であるゲーテが唱道していた精神と肉体の統一という非キリスト教的な理想とを調和させようとしたのである。

シラーは美的な性質としての「尊厳」に、とても簡潔な定義を与えている。シラーによれば、尊厳は「苦しみのなかの静けさ」である。こうした尊厳のとらえ方が、ドイツの偉大な美術史家ヨハン・ヨアヒム・ヴィンケルマン（一七一七～六八年）に由来していることは、明らかである。ヴィンケルマンが一八世紀のドイツ思想に与えた影響は、美学の領域をはるかに超えている。古典芸術に関する彼の著述は、古代世界に対するドイツ人の認識を一変させた。さらに、ヘルダーやゲーテのような大勢の熱心な弟子たちに影響を与えることを通じて、後にドイツ文化の奔流となる精神と肉体の調和的統合の発祥の地としてのギリシアのイメージを確立させた。ヴィンケルマンの第一作で最も独創的な著作でもある『ギリシア美術模倣論』(一七五五年)には、古典彫刻の有名な作品であるラオコオンの群像彫刻の解説が含まれている。この彫刻は、かつてはローマ皇帝ティトゥスの宮殿に建てられており、大プリニウスから最高の称賛を受けた。一五〇六年にローマで発掘され、再発見されたときには、大騒ぎになったという。この彫刻は、トロイアの祭司ラオコオンとその息子たちの死を表現したものである。伝説によれば、ラオコオンがトロイア人の仲間たちに、ギリシア人の木馬に注意するよう警告したところ、神々はラオコオンの息子たちを絞め殺すために、二匹の海蛇を遣わした。ラオコオンは息子たちを助けようとして失敗し、自らも死んでしまった。ヴィンケルマンにとって、この彫刻の中心的な特徴は、尊厳である。ラオコオンが尊厳をもって苦しみに耐える姿が描かれているのである。ヴィンケルマンはこう述べる。

ギリシアの傑作に共通する卓越した特徴は、姿勢と表情にみられる高貴な単純さと静かな偉大さである。海の表面がいかに荒れようと、深海が永遠に静けさを保っているのと同じように、ギリシアの彫像の表情は、情熱がいかに激しいものであろうと、大いなる荘厳な魂を明るみに出している。とてつもなく強烈な苦痛にもかかわらず、ラオコオンの顔面に描き出されているのは、そのような魂である。いや、顔面ばかりではない。この苦痛は全身の筋肉と腱に表れており、私たちが顔やその他の体の部分を無視するにしても、痛ましく収縮した腹部を見るだけで、ほとんど自分の痛みであるかのように感じてしまう――しかし断言するが、この痛みにもかかわらず、彼の顔面にも全身の姿勢にも、暴力的な歪みはまったく生じていない。ウェルギリウスがラオコオンの運命について詠んだ詩のような、恐ろしい叫び声をあげてはいない。彼の彫像の口はあまり開いておらず、叫ぶことはできない。それはむしろ、サドレトが書いているように、不安げで抑制された、ため息を発している。肉体的な痛みと精神的な偉大さは、この像の枠組みの全体を通じて同じ強度で発散されており、いわば、つりあいがとれている。ラオコオンは苦しんでいるが、ソフォクレスのフィロクテテスのように苦しんでいる。彼の苦痛は心にしみるが、私たちはこの偉大な男がそれに耐える不屈の姿に嫉妬するのだ。

教育を受けたドイツの公衆の間では、ヴィンケルマンによるラオコオン像の解説に共鳴する者がとても多かった。レッシングの有名な芸術論『ラオコオン』はこれに対する応答として書かれたものだし、マンハイムのプファルツ選帝侯のコレクションのなかにあった複製彫刻は、ドイツの作家や芸術家たちの巡礼の地となった（数多くの訪問者のなかに、ヘルダー、ゲーテ、シラーもいた）。

シラーにとって、優美と尊厳は、行動あるいは態度にみられる特徴である。優美と尊厳は人間の主体性をどう説明するかに関係している。そこでは人間の自然な性格と欲求――カントの用語では私たちの「傾き」――と、理性的で道徳的な意志に由来する道徳性の要請とが（カントがそうしたように）対比されるのである。シラーは、カントの道徳哲学の明らかな帰結に悩まされた最初の読者の一人であった（けっして最後の読者ではない！）。カントによれば、よい行動をしようとする自発的で反省に欠ける気質には、いかなる道徳的価値もない（実際、それは道徳的な観点からは、望ましくないとさえみなせるかもしれない）。これに対して、シラーは「優美」の観念を持ち出す。優美な人とは、ただ正しいことをするだけでなく、内的葛藤や苦しい選択の過程なしにそれを行う人のことである。私たちの性格と、道徳性が求めるものとが自然発生的に調和しているならば、私たちは、内なる抵抗を克服する必要もなく、善なのである。

しかし、優美という理想は常に達成できるものではない。人間は、道徳的な観点から理想とされることの真逆に向かう多くの傾き——利己心、嫉妬など——を有しており、それらは克服されなければならない。こうした対立は、最も高貴な最良の人格者においてさえ存在するだろう。たとえば、友人や家族に対する忠誠や愛情といった称賛に値する性質も、かれらが何か過ちを犯せば、私たちの法を守る義務と対立するかもしれない。そのような対立が姿を現したにもかかわらず、個人が自らの傾きを克服して、道徳性が求める通りに行動しようとする性格の強さを示すとき、こうした行動を特徴的に表現するのが、シラーによれば尊厳なのである。尊厳は——ここにヴィンケルマンとのつながりが見られる——何よりも、苦しみを克服しようと自制するときに現れる。「ちょうど優美が美しい魂の表現であるように、尊厳は崇高な気質の表現である」。義務を果たす者の「尊厳と崇高」についてのカントの言い回しを再現し、それを強める形で、シラーはそのように書く。「尊厳と崇高」は、逆に向かう傾きの力に打ち勝ち、自らの義務を果たす人びとのものである。シラーによれば、かれらの行動は、優美な行動と同じ意味で「道徳的に美しい」ものではないかもしれないが、「道徳的に偉大である」。美的に言えば、尊厳は「人間の道徳的自由の表現」として機能する――それは、私たちが自らの傾きの囚人でないことを示しているのである。

シラーによる尊厳の斬新な再解釈は、道徳性と美学を結びつけ、両者に道徳心理学的な共通の基礎を与える。優美と尊厳は、主体性の表現として立ち現れる美的性質である。しかし、それらはけっして道徳と切り離されたものではない。優美と尊厳は、カント的な観点からすれば私たちの道徳状況の中心的な特徴だと思われるものに結びついている。つまり、私たちの義務と私たちの傾きは、永遠に対立する可能性があるのだ。そういうわけで、シラーによる尊厳のとらえ方は、カント的な道徳哲学と密接に結びつきながらも、この言葉に新たな意味を与える。優美と尊厳は、ふたつの基本的な美徳を特徴づける表現である。すなわち、自発的に立派に行動できる能力(優美)と、自らの自然な傾きの抵抗にもかかわらず立派に行動できる能力(尊厳)である。そうすると人は、基本的な人間性を失わないままで、多かれ少なかれシラー的な尊厳を有しているということかもしれない。人びとはなお、無条件的で内在的な道徳的価値を有しており、それは道徳的な行為主体の共同体の成員であることに由来する。尊厳とは、義務の要請に応えようとする闘争において苦しみに耐えるコミットメントと能力であり、その程度は、人によって明らかに異なる。

カントは名誉を、道徳法の体現者としての自分自身に対する敬意として、「ブルジョア的」に理解する。シラーの芸術論では、そのような名誉のとらえ方が、「ブルジョア的」な英雄主義と悲劇によって補完されていることがみてとれる。真の英雄主義は、道徳的な義務のために、苦しみに耐えようとする意志である。ベートーヴェンのオペラ『フィデリオ』(一八〇五年初演)において、高貴なる囚人フロレスタンが、獄中で、「喜んであらゆる苦痛に耐えよう。わが人生は悲惨に終わるだろう。甘い慰めを心に抱いて。なぜなら私は義務を果たしたのだから」と歌うとき、彼はシラー的な英雄主義を見せている。そのような英雄主義は、「高貴な生まれ」の者だけでなく、原則として、誰もが手に入れることができる。私たちは誰もが道徳法に服しており、私たちは誰もが——少なくとも潜在的には——、義務に奉仕するにあたって、自らの福利(well-being)を犠牲にするよう求められるかもしれないのである。

哲学において論争中の諸学派を和解させようとする際によくあることだが、シラーの芸術論は、どちらの側からも感謝されていないようだ。カントは道徳哲学についての講義(法律家ヴィイギランティウスによる記録)のなかで、シラーに応答し、道徳性と「傾き」の対立は必然的であるという自らの学説を鋭く再主張している。

すべての義務がただちに道徳的な制約と結びついていること、そして、義務を負うのを楽しむことが義務の本質に反していることは、これもまた明白である。むしろ必然的なのは、衝動のせいで道徳法を守ろうとする気持ちが失われることである……。道徳法の遂行はそれが必然である場合にのみ成就すると考えるならば、シラーが『ターリア』[『優美と尊厳について』が発表された雑誌]で行っているように……その遂行に一定の優美さがあるなどと主張することはできない。（*Ak.* 27: 490）

カントはシラーによる優美の説明（義務と傾きが自発的に調和する可能性があるという考え方）とかかわり合わないだろうが、興味深いことにカントは、傾きに打ち勝とうとする闘争の現れとしての尊厳の考え方には、それほど敵対的ではない。それどころか、『理性のみの限界の内にある宗教』の第二版（一七九四年。初版は一七九三年）の多くの脚注のひとつにおいて、カントは自分とシラーの考えの違いを説明するにあたり、道徳的な「優美」と、道徳性の尊厳に関する自分自身の説明を、次のように対比してみせる。

優美と義務の概念は結びつかないということを、義務がもつ尊厳そのものを理由として、私は進んで認める。というのも、義務の概念は無条件の必然を含んでおり、優美であることはそれと完全に矛盾するからである。法がもつ威厳は(シナイ山の戒律と同じく)畏怖の念を植えつける(それは人を遠ざける恐怖ではないし、親密さを誘う魅惑でもない)。こうした畏怖は臣下の主人に対する敬意を呼び覚ますものだが、この場合は例外である。というのも、主人は私たち自身の内にあるのだから、それは私たち自身の使命感という崇高の感覚を呼び覚まし、その感覚はいかなる美にもまして私たちを恍惚とさせるのである。(*Ak.* 6: 23)

すでにみてきたように、カントにとって道徳法の尊厳(感覚からのあらゆる衝動「の上にある」ような「無条件的で比較できない」価値のひとつとして理解される)は、人間の内部における崇高の感覚を呼び覚ます。そしてそれは、傾きに打ち勝とうとする義務の闘争を行動で表現するときに人間は威厳ある性格を帯びる、というシラーの示唆と、(まったく同じではないにしても)両立可能なのだ。

五 尊厳と平等

言うまでもないことだが、カントやシラーがこんなことを書いていたまさにその時代、ヨーロッパにおける社会的地位のシステムは、フランス革命の衝撃によってまるごと動揺していた。貴族が有していた特権（フランス語では尊厳（ディニテ）と呼ばれていた）は廃止され、そのかわりに、人間の権利と地位は平等だという考え方が強く主張された。フランス革命に熱心に異議を唱えていたハンナ・モア（一七四五～一八三三年）（その時代のイギリスで非常に人気があった福音派の運動家であり、反奴隷制活動家のニュートンとウィルバーフォースの盟友でもあった）が、人間の尊厳の考え方に訴えかける当時の議論を攻撃していたとき、彼女の念頭にふたりのドイツの哲学者のことがあったとは、彼らがいくら著名だったにせよ、考えにくい。

私たちは人間性の尊厳について多くの誤ったことを耳にする。聖書の教えに根ざした祈りだけが、どこに私たちの真の尊厳があるのかを教えてくれる。堕落した被造物に尊厳があるというのは、全くの異常である。真の尊厳は、一般にそう思われているような固有の卓越性ではなく、実のところ、それが欠けているという感覚にある。それは自らに価値を見いだすことではなく、自分たちは神に依存しているという持続的な感覚、そして神の御姿と一致しようとする終わりなき志のなかにある。

というふうに、人間の尊厳の観念が当時の言説の一部であったことは確かである。一八世紀末のこの言葉の使い方の非常に興味深い事例が、一七九八年にジョン・バーナード(アメリカを広く旅した俳優)とジョージ・ワシントンの間で交わされたとされる、真偽は不確かだけれども有名な会話の記録のなかに見られる。バーナードとワシントンが出会ったのは、あるカップルの馬車が横転したので一緒に手伝いをしたときのことだった。その後、ワシントンはバーナードをマウントバーノンに招待した。バーナードは、そこでの会話の一部をこう描写する。

このとき、ある黒人が湧き水が入った水差しを持ってやってきた。私は笑みを抑えられなかったのだが、将軍はただちにそれを読み取って、こう続けた。「矛盾しているように思えるかもしれない。しかし、これは犯罪でも不条理でもないことを、君は認識すべきだと思う。私たちは基本的な原理として、自由はすべての人の不可譲の権利であると宣言するが、そこに狂人や愚か者は含まれない。かれらが自由を手にしたら災いになるだろう。奴隷の精神が教育されて、自由であることの義務が何であるかに気づき、人間のそれと野蛮人のそれを混同しなくなるまで、その贈り物は必ず乱用されるだろう。取引が増えて新しい大きな倉庫が必要になる前に、古い倉庫を取り壊すよう求められるようなものだ。私たちはヨーロッパ人から家屋と奴隷を引き継いだ。変わるには、時間がかかる。しかし、君は信じていい。変わることを私以上に切望している人間はいないのだ。私は、人間の尊厳を理由として、そうなるよう祈る。それだけでなく、私は奴隷制の根絶だけが、私たちの連邦の存在を永続的なものにしてくれることを、はっきりと予見できる。連邦は共通の原理の絆のもとで強くなるのだ」(強調は筆者)

ワシントンが奴隷制をどう見ていたかに関するバーナードの記述の信憑性はさておき(南北戦争の後に出版されたこの回想録では、邪悪な奴隷制が北部の連邦にもたらすであろう脅威を「建国の父」がおぼろげに予感していたことが示されるわけである。未来の洞察としてなんと便利な一節だろう、と読者は思うかもしれない)、ここでの人間の尊厳という言葉の使い方は、やはり印象的である。それは、私たちがこれまで区別してきた尊厳の意味を構成する三つの異なる要素――地位としての尊厳、内在的な価値としての尊厳、威厳ある態度あるいは姿勢としての尊厳――のそれぞれに、平等に向かおうとする同時的な傾向があったことを、確かに感じさせる。フランス革命は、地位にかかわる尊厳の考え方の強烈に平等主義的な政治的解釈を体現していた。それはキケロ的な尊厳のとらえ方を、（特定の社会におけるある人の相対的な立場ではなく）人間それ自身の地位にかかわるものとして復活させた。そうすると、奴隷制は人間の尊厳の侵害にあたるとみなすのが自然である。同じ頃、カントとシラーはそれぞれ独自の道筋をたどって、尊厳の平等主義的なとらえ方に到達していた。カントにおいては、内在的な価値としての尊厳の概念は、すべての人間が（そして人間だけが）共通してもつ特徴だとみなされていた。他方でシラーは、威厳ある振る舞いの考え方を道徳化し、それはすべての人間が潜在的に達成可能なものだと考えた。というのも、私たちは誰でも、義務と傾きの葛藤に直面しうるからである。

　一九世紀の人間の尊厳の考え方がどこまでカントに由来するかについて、ショーペンハウアーは過大評価していたと私は思う。しかし、ショーペンハウアーがそのように書いた頃（一八三九年）までに、「人間の尊厳」の様々な要素が、敬虔な人道主義の決まり文句のなかに実際に溶け込んでしまっていたというのは、ありそうなことだろう。また、同時代の自由主義の批判者たちが「尊厳」に反対したのも、驚くべきことではない。人間の尊厳に訴えかける議論の普及に反発したのは、ショーペンハウアーだけではなかった。マルクスは、ドイツの別の社会主義者であるカール・ハインツェンが、ドイツの王子たちの統治は「人間の尊厳」に反していると表現したことを非難する。尊厳に関するそのような「中身のない言い回し」は、「歴史から逃げて道徳へと避難する」ことになるとマルクスは主張するのである。

しかし、これまで私が出会ったなかで最も苛烈な一九世紀の尊厳の考え方への攻撃は、ニーチェのあまり知られていない小論のなかに見いだされる。「ギリシア国家」という題名のこの小論は、一八七二年(『悲劇の誕生』が出版された年)、コジマ・ワーグナーの誕生日に贈られた『書かれなかった五冊の書物のための五つの序文』の一部である。それは次のように始まる。

私たち近代人は、ふたつの観念においてギリシア人よりも優位に立つ。それらは、徹底して奴隷的に振る舞っているというのに「奴隷」という言葉を使うのを不安げに避けている世界に対して、いわば埋め合わせとして与えられている観念である。つまり、私たちは「人間の尊厳」と「労働の尊厳」について語るのだ。みじめな存在をみじめに永続化しようとして、皆が苦労している。この恐ろしい必要に迫られて人は労働を消費する。そして

「意志」に誘惑されたかれ(より正確にいえば、人間の知性)は、今ではときに、それが威厳をもつものであるかのように労働に驚嘆することがある。しかし、労働が名誉ある称号を要求したいのであれば、何よりも必要なのは、結局は労働もそのための痛ましい手段に他ならないところの存在そのものが、現在までに厳粛な哲学や宗教にそう思われてきた以上の尊厳と価値とをそなえるようになることである。

ニーチェが言うには、労働の尊厳という観念は、恥ずべき必要物をより魅力的にするための方策である。それは、労働を実際に引き受けることを余儀なくされた人びとへの慰めである。だがそんなことをすると、労働と、人間の存在そのもの(労働はその前提条件である)の双方に、それらにふさわしくない価値が与えられてしまう。その一方でギリシア人は、ニーチェによれば、「このような概念的な幻覚をそもそも必要としていなかった……。というのも、かれらの間では、労働が恥辱であることが驚くほど率直に言明されているからだ」。そのような感傷的なフィクションを必要とするのは、一九世紀の人道主義だけなのだという。

人間の尊厳や労働の尊厳は、奴隷状態が自らを隠蔽するところから生まれた貧相な幻にすぎない。奴隷がそのような概念を必要とするとは、また、奴隷が自分について考え、自分を超えることを考えるように煽動されるとは、なんと不幸な時代であろうか！　知識の木の実によって奴隷の純朴な状態を破壊するとは、なんと忌まわしい誘惑者たちであろうか！　いまや奴隷は、「万人の平等な権利」なるもの、いわゆる人間そのものが有するという「基本的人権」、あるいは「労働の尊厳」など、深い洞察をもつ者なら誰でもそれとわかる明白な嘘とともに、一日また一日と空しく生き延びていかなければならないのだ。

実はニーチェ自身も尊厳の概念を持ち出しているのだが、そのやり方は、権利にもとづく人間の尊厳のとらえ方の背後にある平等主義とは、真っ向から対立するものである。ニーチェによれば、奴隷は、

そもそもどのような段階で、どのような高みにおいて尊厳に言及すればいいのか、理解することができない。奴隷にそれができるのは、個人が自己を完全に超越し、自らの個人としての存在を維持するために働いて生産する必要がない、そのような地点においてである。

存在そのものには価値がない。生に価値を与えることができる唯一のものは文化——芸術——であり、そのためには余暇（したがって、その余暇を得るはずの人びとのために行われる奴隷労働）が必要になる。存在は文化によって取り戻される。文化には労働が必要である。労働は従属である。したがって、奴隷制は正当化される。なぜなら、それは本質的に価値あるもの、すなわち自由で創造的な貴族の生活のために必要だからである。

そこで私たちは、残酷に響く「フリードリヒよ、「響く」だけなのか」真実、すなわち奴隷制度は文化の本質に属するという真実を、受け入れなければならない。もちろんこの真実は、生存の絶対的な価値に疑問を呈するものではない。それはプロメテウス的な文化の推進者の肝臓を食い散らすハゲタカである。少数のオリンピアの人びとが芸術の世界で生産することを可能にするために、骨を折って働く者たちがますます悲惨な目にあうわけだ。……したがって私たちは、この壮麗な文化を、凱旋パレードで敗者たちを奴隷として車に縛りつけて引きずっていく、血のしたたる戦勝者たちになぞらえることが許される。慈悲の力のおかげで奴隷たちは目が眩み、車輪にほとんど潰されながらも、いまだに「労働の尊厳」「人間の尊厳」などと叫んでいるのである。

感傷的な平等主義が現代国家に浸透した。ニーチェによれば、それは労働の尊厳や人間の尊厳といった偽善的で不条理な観念のみならず、戦争への恐怖に見られるような、より一般的な人道主義にまでいきつくことになった。ニーチェにはそんな心の痛みはない（彼がこれを書いたのは、もちろん、自ら熱心に参加した普仏戦争の直後のことである）。ニーチェは近代国家と古代ギリシアの戦士国家を対比している。ニーチェによれば、戦士国家のような形態の社会組織が、「国家の原型」なのである。国家がまるごと最も効率的な軍事構造にもとづいて組織されるという事実が生みだしたのは、「渾沌とした大衆を軍隊の階級に即座に分解し、分割することであった。そこから、きわめて広範囲な奴隷の階層を基盤として、ピラミッド型に『武人社会』の殿堂が立ち上がるのである」。このような構造は、ピラミッドの下層の者が上層の者に完全に従属していることを特徴とする。ニーチェが理解するところでは、このヒエラルキーが尊厳に反するというわけではない――彼は締めくくりの文章で人間主義を逆立ちさせ、曖昧さのない言葉でそう伝える。

私たちが今、最もすばらしく活動し、その本来の「労働」に従事しているような軍事的な始原国家を想像するならば、そして戦争のあらゆる技術に視線を向けるならば、「人間の尊厳」や「労働の尊厳」といった、これまで私たちがいたるところから拾い上げてきた思いつきを、是正しないわけにはいかない。次のように問うてみよう。そのような「威厳ある労働」を委ねられている者に対するのと同じように、「威厳ある」人間を破壊することを目的とする労働に対しても、尊厳という観念を適用できるのだろうか。国家の戦争の仕事のなかで、これらの互いに矛盾する観念は互いに打ち消し合うのではないだろうか。私としては、戦争をする人間は軍事的天才の手段であり、かれの労働もまた同じ天才の手にある道具にすぎないと考えたい。ある程度の尊厳がそういう者にも与えられるべきだとすれば、それは絶対的な人間、非天才としてのかれにではなく、天才の手段としてのかれ――天才は、戦略家のチェス盤の上の単なる歩兵として、道具を破壊する選択をすることを喜びとするかもしれない――にふさわしい尊厳である。それはすなわち、天才の手段であることに価値があるとみなされるという尊厳なのである。しかし、今ここでひとつの例として示されたことは、次のようにもっとも一般的な意味においても妥当性がある。すなわち、すべての人間は、かれのすべての活動において、意識していようといまいと、天才の道具である限りにおいてのみ尊厳をもつ。ここから私たちはただちに、「人間それ自身」

つまり絶対的人間は、尊厳も、権利も、義務も有していない、という倫理的結論を導き出せるだろう。意識されない目的に奉仕するような、完全に決定づけられた存在としてのみ、人は自らの生存を擁護することができるのである。

ニーチェの尋常ならざる反駁は、彼の時代に、尊厳の概念がどれほど発展していたかを浮き彫りにしている。その概念は、人間主義、自由主義、キリスト教、社会主義、そしてカント主義——もちろんニーチェは、多かれ少なかれ同じくらいの激しさをもって、それらすべてを嫌悪していた——などの思想の融合体になっていたのである。

六 ヒエラルキー

一九世紀、こうして尊厳の多様な意味が平等主義の方向に収斂したことにより、第二次世界大戦後の主要な人権文書である世界人権宣言やドイツ連邦共和国基本法に見られるような、普遍的な人間の尊厳の主張の根拠が確立されることになった。私たちはそのように思い込んでしまうかもしれない。しかし、それは非常に重大な誤りだろう。そう思い込んでしまうと、話を単純化しすぎて、この言葉の現代的な使い方のなかに見いだされるいくつかの重要な緊張と対立の根っこをとらえ損なうことになる。

ひとつには、地位のヒエラルキーの差別化によって求められる態度を示す「尊厳」という言葉の使い方が、まだ消えていなかったということがある。作品のすべての頁に貴族的な世界観がはっきり現れているアレクシ・ド・トクヴィルが、『アメリカのデモクラシー』においてこの意味で尊厳を使っているというのも、驚くべきことではない。

> 作法における真の尊厳は、高すぎも低すぎもせず、自らが置かれている適切な地位をわきまえるところにある。それには王子と同じくらいに、農民であっても手が届く。民主主義においては、あらゆる地位が疑わしく見える。そのため、民主主義の作法はしばしば尊大さに満ちており、一般に尊厳が欠けている。さらに、かれらがよく訓練され、成熟しているということもけっしてない。（第二巻、第三部、第一四章）

トマス・アクィナス的なとらえ方では、「尊厳」とは、神聖な秩序の内に適切な場所を占めることによって生じる価値のことであった。この考え方は一九世紀のカトリック思想の中心であり続けた。
ローマ教皇レオ一三世（一八一〇〜一九〇三年）は、今日、カトリック教会の外部では、労働と資本の関係に関する回勅によって最もよく知られている。それは、一八九一年の『資本と労働について（レールム・ノヴァールム）』であり、カトリックの伝統において「労働の尊厳」の考え方を確立させることになった。「労働の尊厳」という考え方は、すでに多くの自由主義者や社会主義者によって提案されていたが、このことからレオ一三世による労働の尊厳の唱道が社会的平等主義への支持表明だったと推測するのは、まったくの間違いだろう。レオ一三世の社会観における尊厳の位置づけを説明するために、一八七八年の彼の回勅『社会主義について（クオド・アポストリチ・ムネリス）』からの抜粋を示そう。

なぜなら、すべてのものを創造し、統治する神は、その賢明なる摂理において、最低のものは中間のものの力で目標を達成することを目指し、中間のものは最高のものの力でそうするように命じたからである。したがって、神は天国においてさえ、天使の聖歌隊を別格とし、ある者が他者に従うことを望み、教会でも多様な秩序、様々な部局を定め、全員が使徒や博士や司祭にはならないようにした。また神は、市民社会にも様々な秩序があるべきだと決めた。市民社会は、尊厳や権利、権力において異なるのであり、それによって国家は教会のように、多くの構成員を抱え、ある人びとは他の人びとよりも高貴であるが、全員が互いを必要とし、共通の善を切望するようなひとつの実体となるべきだとしたのである。（6）（強調は筆者）

一九世紀のカトリック教会にとって、社会のすべての構成員は尊厳をもつ。しかし、かれらの尊厳は、階層的な社会秩序のなかでそれぞれの立場にふさわしい役割を演じるところにあるのであり、そこには「他の人びとよりも高貴な」者もいる。平等な尊厳を分かち合うのではない。むしろ社会の秩序は、「尊厳や権利、権力」において異なっているのでなければならない。レオ一三世によるヒエラルキーの妥当性の擁護は、玄関口でとどまるようなものではなかった。『結婚について（アルカヌム・ディヴィナエ・サピエンティアエ）』（一八八〇年）では、彼は結婚において男女は不平等であるべきだと主張している。

女は、男の肉の肉であり、男の骨の骨なのだから、自らの夫の支配を受け、彼に従わなければならない［これほど間違った前提からこれほど無根拠な推論が行われるのを、私は見

たことがない！」。実のところ、召使いとしてではなく、伴侶としてそうするのだから、
彼女の従順さには名誉も尊厳も欠けることはない。(11)

ここでの「尊厳」は、個人――妻――の属性ではなく、彼女が身を置く社会関係、すなわち「従順さ」という側面に適用されることに注意したい。この「尊厳」の使い方は、従属それ自体に価値を与えるものである。この文脈で見ると、レオ一三世によって教会の社会的な教えに導入された「労働の尊厳」という観念は、平等の主張ではなく、すべての構成員が「互いを必要とし、共通の善を切望する」ような社会秩序において、労働には適切な場所が与えられるべきだという見解の表現として理解されなければならない。

一八八一年の回勅『市民的権力の起源について(ディウトゥルヌム)』において、レオ一三世は、現代社会においてどれほどの「努力が払われて、支配者が大衆の侮蔑と憎しみの対象にされてしまったか」に関する怒りを表明している。「嫉妬の炎」と彼が呼ぶものが「突如として燃え上がり」、「支配者の安全を……危険に」さらした。レオ一三世は、そうなったのは人民主権と社会契約の平等主義理論のせいだと非難している。

より最近になって、とても多くの人びとが、……すべての権力は人民に由来するものだと言うようになった。したがって、国家において権力を行使する者は、自分たち自身の権力としてではなく、人民から委託された者として権力を行使するのであるから、この規則によって、権力を委託した人民そのものの意思によって解任されることも可能だということになる。しかし、支配する権利は自然かつ必然的な原理に由来し、神に由来するものであると確信するカトリックは、これらに異議を唱える。(5)

人民主権という誤った見解が拒否されて初めて、また、政府の役割には支配者から被支配者への神の権威の伝達が含まれることがあらためて理解されるようになって初めて、政府はそれにふさわしい尊厳を得ることになる。

さらに、かれらが主張する協定が明らかな誤りであり、虚構であること、そしてその協定には、政治権力に対して、国家の安全と市民の共通の善が求めるところの偉大な力、尊厳、および確固たる態度を与えるだけの権限がないことは、明白である。政府がそうした装飾や保障をすべて得ることができるのは、それらが威風ある最も神聖なる源泉としての神か

ら発するものだと理解されたときだけである。(12)

人民主権の観念に対するレオ一三世の敵意は、当時のカトリック思想に典型的なものである。一九世紀全般から二〇世紀にかけて、自由主義、社会主義、民主主義、女性の解放など、様々な形態の平等主義に対抗する守旧派的抵抗にカトリック教会がどれほど関与していたか、今日ではほとんど忘れられている。(一九四八年より前に「尊厳」という言葉を採用していた比較的少数の憲法のなかのふたつは、サラザール体制のポルトガルとフランコ体制のスペインのものであった——双方ともにカトリックの国であり、どちらも社会的平等と人権尊重の楽園などと呼べる代物ではなかった。)二〇世紀半ばにカトリックの社会思想に生じた変化がどれほど巨大なものであったかを正しく理解しようとすれば、尊厳に関するカトリック思想の多くに見られた反平等主義的な性格を認識することが重要である。人間の尊厳の考え方と平等な人権の間に本質的な結びつきがあるのは当たり前だとみなすと——歴史的な視点を抜きにして世界人権宣言やドイツ連邦共和国基本法といった文書を見ると、容易にそう思い込んでしまう——、私たちは、カトリックが社会的平等の教義を受け入れたという事件がいかに重大であったかを見逃すことになる。

今日のカトリック教会は、社会的平等の観点から、世俗的な人間の尊厳のとらえ方と闘おうとしている。そういうわけで、ヨハネ・パウロ二世は、『いのちの福音』(一九九五年)において、「人種、国籍、宗教、政治的意見、社会階級にかかわらず、個々人が人間として有する価値と尊厳により敏感であるような道徳的な感受性がグローバルな規模で育ってきていることを示すような、人権をめぐる様々な宣言と、それらの宣言が鼓舞する多くのイニシアチブ」(18)と、自由民主主義社会において、まだ生まれていない者や長期の植物状態にある者にも平等な権利を与えることが(彼の理解によれば)不当にも否定されていることとの間には、矛盾があると主張したのである。

同じように、ヨハネ・パウロ二世は、彼の使徒的書簡『女性の尊厳(ムリエリス・ディグニタテム)』(一九八八年)において、女性は男性に従属すべきだという考え方を否定する。彼は(レオ一三世とはまったく対照的に)、それは女性の権利に反すると述べる。しかし彼は同時に、男女の「明確な相違と個人の独自性」にかかわる尊厳が維持されなければならないとも強く主張する。

現代において「女性の権利」の問題は、人間の権利の幅広い文脈において新たな重要性を帯びるようになった。聖書と福音書のメッセージは、「ふたり」の「一体性」に関する真実、すなわち男性と女性の明確な相違と個人の独自性の帰結としての尊厳と召命に関する真実を擁護することによって、今日注目の的になっていることの理念に光を当てている。したがって、「彼はあなたを支配する」（『創世記』第三章一六節）という聖書の表現に女性たちが反対するのは正しいのだが、それはいかなる場合にも女性の「男性化」を導くものであってはならない。男性による「支配」からの解放という名のもとに、女性が自分自身の女性としての「独自性」に反して、男性的な性質を身につけることがあってはならない。そのような道を進んでいけば、女性たちは「成就に到達する」ことができず、自分たちの本質的な豊かさを構成するものを変形させ、失ってしまう恐れがあり、それには根拠がある。（10）

カトリック思想は、どの時点で、自由主義と民主主義について曖昧な態度をとらなくなり、社会的、政治的な平等を伴う人間の尊厳の考え方を受け入れるようになったのだろうか。確実なことを言うのは非常に難しい。とりわけ、カトリックは自らの教えが聖書の啓示と時間を超越した自然法則の権威を体現していると公に主張している組織なので、考えを変えたことを認めるのを明らかに嫌がっているからである。私は、第二次世界大戦が分岐点だったと考えている。世界人権宣言(とりわけカトリックの思想家ジャック・マリタンを通じて)とドイツ連邦共和国基本法に対するカトリックの影響は、間違いなく重大であった。両文書において、尊厳には非常に際立った地位が与えられ、侵すことのできない人権の観念と結びつけられたのである。

しかし、尊厳と平等な人権との不一致は、今でも他の場所で生き続けている。それは、「イスラームの人権に関するカイロ宣言」(一九九〇年にイスラーム諸国会議機構によって発布された)において十分に明らかである。その第六条は、女性は「平等な尊厳」をもつ——しかし、(ここがはっきり目立ち、疑いなく意識的に世界人権宣言と対照をなすところであるが)平等な権利はもたない、と主張している。

七　権利を敬うことと、敬われる権利

そうすると、いったいどういうことになるのだろうか。

私が最初に述べたように、世界人権宣言やドイツ連邦共和国基本法において、尊厳の観念は人権との関連で提示されている——人間は「自由であり、尊厳と権利において平等」であり、

「不可侵」の尊厳をもち、（それゆえ）「侵すことのできない、かつ譲り渡すことのできない」権利をもつのである。人権というのは、明らかにきわめて不可思議なものだ――今日ほぼすべての者が人権へのコミットメントを公言しているにもかかわらず、人権とは何か、なぜ人権があるのかについて、原理的にきちんと説明ができる人はほとんどいないだろう。現代における尊厳の理解は、そのような要請に応えることができるだろうか。そうするには、理想的には三つのことができていなければならない。第一に、すべての人間が「不可侵の」尊厳を共有しており、その尊厳において「自由で平等」である、という要請を説明し、正当化すること、第二に、そこから、人間は侵すことのできない、かつ譲り渡すことのできない権利をも有していることを示すこと、そして第三に、最終的に、それらの権利が何であるかを明らかにすることである。これまで示してきた尊厳の説明は、このようなアジェンダを満たすことができるだろうか。

その答えは、おそらく、これまで区別してきた「尊厳」の意味の三つの要素――地位としての尊厳の考え方、内在的な価値としての尊厳の考え方、そして、威厳ある振る舞い、性格、態度としての尊厳の考え方――のどれに焦点を当てるかによって、異なってくるだろう。尊厳を地位として理解するならば、人間は生まれながらにして尊厳において「自由で平等」であると口にすることは、人間の間には内在的な身分の差はないと主張しているだけのことである。私たち皆が社会的地位において平等であるという考え方は、今日そうであるようにずっと当たり前だったわけではない(レオ一三世やカトリックの社会的な教えにあるヒエラルキー的な伝統のことを考えるだけでよい)。そして、この意味で人間が平等な尊厳をもっているということは、人間が平等な権利を有するという主張に根拠を与えるものではない。それはただ、そのように想定しているだけのことである。

尊厳を内在的な価値とみなし、ある種の内的で超越論的な核心として解釈する方が、より見込みがありそうだ。カントは、私たちは「無条件的で比較できない価値」という意味での尊厳を有している、なぜならば、私たちは——全員が平等に——従うべき道徳法を自らの内に宿しているからだ、と考える。これは、権利をもつことにつながるだろうか。カントがそう考えていることは確実である。カント主義者にとって、道徳性がもつ第一の特徴は、それが私たちに無条件的に義務を課しているということである。だが、そのなかの基本的な義務といえば、他者の権利に敬意(respect)を払うことである。倫理学に関する講義録の一節において、カントは、自分の道徳性の考え方において権利が中心的な重要性をもつことを、雄弁に生き生きと説明している。

［他者に対する恩義と正義の義務は］普遍的な権利の支配の上に成り立っており、それらすべてのなかの最上の義務は、他者の権利を敬うことである。それは、揺るぎなく不可侵のものである。これらの権利を傷つけ踏みにじる者に、災いあれ！　他者が有する権利は、すべての点でその人を安全にするものでなければならない。それはいかなる堤や壁よりも強固なものである。私たちには神聖な支配者がいて、その聖なる贈り物が人間の権利なのである。（*Ak.* 27: 415）

しかし、カント的な人間の尊厳の考え方がどのような権利を伴うかについては（これから見ていくように）議論の余地があるし、ほとんど言うまでもないが、私たち全員がカント主義者だというわけでもない。明白な例をあげよう。戦後すぐの人権文書においてとても重要な役割を果たした内在的な価値としての尊厳というカトリックの思想的伝統は、カント的な伝統とは大きく異なっているのである。ドイツの基本法は、カントとカトリックによる人間の尊厳のとらえ方を、皆が共有できる明快な人権の説明に転化しようとする、野心的な——そう、英雄的とさえ言えるかもしれない——試みを体現している。それが直面している困難（そのいくつかは第二章で議論する）について考えることは、カント的な見方の長所と短所を理解する上で有益だろうと思う。

　最後の要素は、「威厳ある」ものとしての尊厳の理解である。ここまで述べてきたことからしても、この意味での尊厳が、世界人権宣言やドイツ連邦共和国基本法の論点と無関係なのは明らかだと思われるかもしれない。シラーにとって、威厳あるものとしての尊厳という考え方は、道徳的に立派な振る舞いに関する説明の一部であった——この意味での尊厳は、目的の揺るぎなさ、苦しみのなかの静けさを表現したものである。しかしもちろん、人権はただ単に徳の高い英雄のためではなく、すべての人びとのためのものである。私たちは、理想的に振る舞っていないからといって、権利を失ったりはしない。とはいえ、意外に思われるかもしれないが、振る舞いとして尊厳を理解することは、今日、人権の言説において尊厳が果たしている役割を理解することと、けっして無関係ではない。そこで私は、尊厳の理解において威厳あるものとしての尊厳の観念を際立たせるひとつのやり方を、四つめの要素として加えることで、この章を締めくくりたいと思う。

　この論点を導入するために、人間の尊厳と人びとの権利を敬うこととの関連についてのジョエル・ファインバーグの見解に立ち返ってみたい。「人びとを敬うというのは、単純に、かれらの権利を敬うことかもしれない。だとすれば、一方がなければ他方は成立しえない。『人間の尊厳』と呼ばれるものは、単純に、要求を主張する明確な能力のことかもしれない。そうすると、ある人を敬うことは、あるいはある人が人間の尊厳を有すると考えることは、単純に、その人は潜在的に要求を主張できる者だとみなすということである」。一定の速度よりも遅く車を走らせることで速度制限を尊重するのと同じように、(消極的なものであれば)それを侵害しないことで、あるいは、(積極的なものであれば)その要求に従って行動することで、私は権利を敬う。こうした意味での敬意を、私は「遵守(observance)としての敬い」と呼びたい。ファインバーグの主張が正しく、「遵守としての敬い」が人間の尊厳を敬うことの中身であるとすれば、人間の尊厳を敬う義務を持ち出しても、それでは何らかの人権を特定することも、人権を正当化することもできない。実際、「遵守としての敬い」は、それらの権利がすでに存在していることを前提としている。速度制限があることを知らずに法を遵守できないのと同様に、最初にそうした権利の内容を知らなければ、どうやって尊厳を敬ったらいいのか、私たちにはわからないのである。

他方で、威厳ある人とは、その性格や態度において尊厳を見せる者のことをいう。シラーにしたがえば、それは道徳的な能力——自然な衝動に抗する力——の現れである。無礼で不当な批判に直面したサッカー監督を、「威厳ある」とか「ストイックな」と呼ぶことは筋が通っている。なぜなら彼は、感情の抑制を捨てて怒りに満ちた反応をしたり、屈辱的な扱いの自然な結果を表現するような他の反応をしたりする衝動を抑えこんだからである。しかし、威厳があるというのが人が外に対して見せる状態だとしたら、人がどのように扱われるべきかについても、それに対応する観念――つまり、尊厳をもって扱われる権利というもの――が、あってもいいのではないだろうか。誰かに尊厳をもって接するというのは、その人の尊厳に敬意を払う（そう言うのが自然だろう）ということである。しかしこれは、「遵守としての敬い」とは異なる「敬い」である。私はこれを「敬意の表現（respectfulness）としての敬い」と呼びたい。尊厳をもって人びとに接することで相手の尊厳を敬うためには、自らの敬意を積極的に表現するような方法で相手に向かって行動することによって、あるいは少なくとも消極的に、失礼な振る舞いを慎むことによって、敬意を見せることが求められるのだ。

この文脈において、戦後の人権実践にかかわるもうひとつの基本文書である一九四九年のジュネーヴ諸条約は、問題に非常にわかりやすく光を当てている。その第三条約（捕虜の処遇に関する条約）の第三条は、以下のようになっている。

第三条　条約締約国のひとつの領土において生じる国際的性質をもたない武力紛争の場合、

紛争の各当事国は、最低限、以下の規定を適用しなければならない。

（一）武器を放棄した武装勢力の構成員および病気、負傷、拘留その他の理由により戦闘の外に置かれた者を含む、敵対行為に能動的に参加しない者たちは、あらゆる場合において、人種、肌の色、宗教および信条、性別、生地、あるいは貧富、その他の同様な基準によって不利な区別を受けることなく、人道的な扱いを受けなければならない。この目的のため、上記の者たちに対しては、以下のような行為は、どのような場合にも、またどのような場所でも禁止する。

（a）生命および身体に対する暴力、とりわけ、あらゆる種類の殺人、身体切断、虐待および拷問

（b）人質行為

（c）個人の尊厳に対する侵害、とりわけ、侮辱的で品位を貶める扱い

（d）文明的な諸国民によって不可欠と認められた司法的保証を与えるような正規に構成された法廷が事前に下した審判によらない形での、刑罰の言い渡しおよび刑の執行

（二）負傷者および病人は、収容して看護しなければならない。

赤十字国際委員会のような公平な人道機関は、その役務を紛争当事国に提供することがで

きる。（強調は筆者）

これは世界人権宣言やドイツ連邦共和国基本法と同時代の文書であるが、ここでは「尊厳」について著しく異なる内容のことが書かれている。人権宣言と基本法の方が尊厳を（おそらくは）基本的人権一般の基礎としている一方で、ジュネーヴ諸条約の方は、（一）の（a）項と（c）項の対比からわかるように、尊厳とその他の人権を明確に区別している。生命や身体への暴力（殺人や虐待および拷問）は（一）の（a）項で不法とされているが、侮辱的で品位を貶める扱いが代表例となる尊厳の侵害については、独立した条項である（一）の（c）項で禁止されているのだ。このことから、私は、ジュネーヴ諸条約で問題になっているのは、一連の基本的な人権（最初の項で扱われている）の基礎をなすという意味での尊厳ではなく、人びと（この場合は捕虜）は敬意をもって扱われる必要がある――かれらは「尊厳をもって」扱われる権利を有する――という意味での尊厳だということは、明らかだと思う。このようにジュネーヴ諸条約は、世界人権宣言やドイツ連邦共和国基本法とは異なる尊厳の意味を提示しているのである。

このように威厳ある扱いを受ける権利は、潜在的には普遍的な権利である。私たちが尊厳を、威厳ある行動に対する妨害に打ち勝った者の達成ととらえるならば、すべての者に尊厳があるわけではなくなる。しかし、誰もが——私たちのなかには、道徳的な挑戦を受けたときに威厳をもって振る舞えるような道徳的な強さがない者もいるが、そういう者であっても——「尊厳をもって」扱われるべきだと主張することは、完璧に首尾一貫している。かれらは「敬意をもって」扱われるべきである——つまり、最も重要なことは、辱められたり、貶められることで、敬意を欠いた扱いをされてはならないということである。このように敬意をもって扱われることとして理解される尊厳は、以前に私たちがカントを議論したときに遭遇した考え方と結びついている。カントにとって尊厳とは、私たちの内なる道徳法が有する固有の価値である。ところが、この道徳法を体現する者は私たちなのであり、その事実が、私たちが他の人びとと自分たち自身の両方に負っている敬意を払う義務の基礎をなす。おそらく、この一部は「遵守としての敬い」(人びとが道徳法の体現者であることを理由として、人びとが有する権利を敬うべきである)であるが、それはまた「敬意の表現としての敬い」でもある。私たちは、自分たちの内にある道徳法の尊厳に対する敬意を表するような振る舞いによって——たとえば、真っ直ぐな姿勢や適切な自尊心によって——、それを敬わなければならない。

まとめよう。内在的な価値としての尊厳の考え方は、現代における人権言説の基本文書においてとても重要な役割を果たしたが、それが意味するものを理解するには、大きく異なる道筋が少なくともふたつあるということだった――カント哲学とカトリック思想である。人間の尊厳は人びとが有する地位であるが、それは特定の社会におけるかれらの立場ではなく、まさにかれらに共通する人間性によるものであるという主張は、社会の階層化にもとづくヒエラルキーの正統性を否定するにあたって、きわめて重要な、決定的な役割を果たしたかもしれない。しかしそれは、基本的人権として特定の種類の人権を私たちが識別するのに役立つような、建設的な役割を担うことはできないように思われる。最後の方で三つめの要素として、威厳ある振る舞いとしての尊厳の考え方を検討したが、これは四つめの要素の発見を導くものだった。尊厳をもって人びとに接することは、すなわち、敬意をもって接することだという視点である。一連の基本的な権利を敬うことを通じて尊厳を敬うのではなく、尊厳が敬意の表現を求めるのである。このように考えると、自らの尊厳に敬意を払ってもらう権利は、権利一般の土台の役割を果たすものというよりも、むしろ、ひとつの特定の――とても大切なものであるが――権利だということになる。

第二章　尊厳の法制化

一　尊厳ある小びと

一九九五年一〇月、フランス国務院（フランス行政法の最高裁判所）は、マヌエル・ワッケンハイム氏が自治体のモルサン＝シュル＝オルジュに対して起こした訴訟の判決を下した。さかのぼって、一九九一年一〇月二五日、モルサン＝シュル＝オルジュ市長は、地元のディスコで行われる予定だった小びと投げ競争を禁止する命令を出した。保護服に身を包んだワッケンハイム氏は、競技者によって投げられ、適切に配置されたエアベッドに着地することになっていた。しかし、市長は、公共の秩序と安全を維持するために、警察力を使ってその計画された競技大会の開催を禁止したのである。ワッケンハイム氏はこの禁止に不服を申し立て、ヴェルサイユ行政裁判所は一九九二年二月の判決において、以下の理由により市長の命令を無効とした。

提出された証拠は、禁止となった催しがモルサン＝シュル＝オルジュの町の公共の秩序、平和、健康を乱す性質のものであったことを示していない。数名の著名な個人がこのような催しの開催に対して公に反対の声を上げたという事実だけでは、それが公共の秩序を乱す可能性を示唆するものととらえることはできない。市長が主張する通り、その催しが人間の尊厳を貶めるものであったかもしれないと仮定しても、地域の特定の事情を考慮せずに法的に禁止を命じることはできない。

フランス国務院の判決の前に、このような判決が下されていたわけだ。国務院の判決が説明するところでは、公共の娯楽を規制するために自治体に与えられた警察力は、主として公衆の安全を保障し、公共の秩序に反する物理的な行為を防ぐためのものである。しかし、この事例において市長が小びと投げ大会を禁止したのは、市長の意見によれば、こうした娯楽が「人間の尊厳への敬意に反している」からだった。伝統的にフランスの法律では、市長が警察力を行使する際の「公共の秩序」という観念は、安全、平穏、公衆衛生という三つの側面を含むと解釈されてきた。ただし、警察力の公然たる行使を正当化するために、公共の秩序の観念には公の道徳性の側面が含まれると解釈した事例は、過去にも存在した――たとえば、売春宿の閉鎖、公共の浜辺における海水浴客の着衣の規制、公営墓地の墓石の碑文に課された基準、公道の命名などである。フランス国務院は、尊厳の保護もまた、「公共の秩序」の定義に公の道徳性が含まれる事例のひとつであるという見解を示した。したがって、モルサンの市長は彼の権限の範囲内で行動していたと判断され、ヴェルサイユ行政裁判所の決定は覆されることになった。国務院はウェブサイトで、自らの判決を次のように分析している。

問題となった本件について決定を下すにあたり、控訴審は、「小びと投げ」の興行は一般市民が小びとを投げる行為によって成立するものであり、身体的ハンディキャップをもつ人を投擲物として利用することになるとの見解を示した。この種の呼び物は、まさにその目的からして人間の尊厳を侵害していると考えられる。したがって、地域の特定の事情を抜きにしても、それを禁止することは合法であるとされた。

国務院は、人間の尊厳を侵害することで良心を攪乱するような公共の娯楽を禁止する権限を、警察力を行使する自治体に与えた。そうすることで国務院は、公共の秩序は純粋に「物質的、外的」な方法で定義されるものではなく、そこには公権力が適切に敬意を払うことを求められるような人間のとらえ方が含まれることを示した。

しかし、ワッケンハイム氏は明らかに、決意が固い人物であった。自分の国の最高裁判所で敗訴した後、彼はさらに、フランスが締約している「市民的および政治的権利に関する国際規約」（一九六六年）によって設立された自由権規約人権委員会に提訴した。フランスは同規約の「選択議定書」にも署名しており、私の理解では、この議定書は個人が人権委員会に直接訴える権利を認めていた。そこでワッケンハイム氏は、この権利を行使したのである。ところで彼は、すでに欧州人権委員会にも苦情を申し立てていたようだが、その訴えは一九九六年一〇月に棄却された。興味深いことに、欧州人権条約には尊厳という概念が登場しない。ワッケンハイム氏は、欧州人権条約の第五条（個人の自由および安全の権利）、第八条（私生活および家庭生活の尊重についての権利）、そして第一四条（差別されない権利）に基づいて提訴していた。

二〇〇二年七月、規約人権委員会も、ワッケンハイム氏の訴えを退けた。ワッケンハイム氏と彼の弁護人は、小びと投げの禁止は、彼の尊厳を保護するどころではなく、自分で選んだ仕事に就くことを妨げることによって、実際には尊厳を侵害していると主張した。しかし、規約人権委員会はこの論点は取り上げなかった。市民的および政治的権利に関する国際規約は、人間の尊厳の保護や職業を選ぶ権利には言及していない（そこが世界人権宣言との違いである。この規約は人権宣言に制度としての重みを与えることを意図している）。したがって人権委員会は、ワッケンハイム氏の告発のうち、差別を禁止する規約第二六条によるものだけが、委員会が判断できる領域に含まれると判断した。委員会が指摘するように、人間を区別することがすべて(不愉快な)差別に該当するわけではない以上、かれらが直面した問題は、ワッケンハイム氏が当局から受けた扱いが「客観的かつ合理的な根拠」にもとづいているかどうかであった。委員会の見解は次のようなものだった。

他者を除いてこれらの人びと(小びと)が対象になるとすれば、その理由は、かれらだけが投げられることができる者だからである。したがって、禁止の対象となる者すなわち小びとと、それに該当しない者すなわち小人症を患っていない人びとの区別は、客観的な理由にもとづくものであり、その目的において差別的なものではない。本件において締約国は、本人が行っていた小びと投げに対する禁止は濫用的な措置にはあたらず、公共の秩序を守るために必要であり、本規約の目標と両立する人間の尊厳への考慮を機能させるものだったことを示した。委員会はそのようにみなす。

私が知る限りでは、この時点において、様々な法制度を経由していったワッケンハイム氏の長い旅路は終わりを迎えた。私がワッケンハイム氏の歩みをやや詳細に追いかけてきたのは、(ただ単に)彼に共感したからではなく、それが現代の法体系における尊厳の位置に光を当てているからである。私の意見では、今日の法的言説には尊厳が満ちあふれているけれども、その陰には数多くの意見の対立や純然たる混乱があるということを、ワッケンハイム氏の事例は示している。

ワッケンハイム氏はひどい目にあったと思わずにはいられない。モルサン＝シュル＝オルジュの市長は、「人間の尊厳」の保護の名のもとに自分の当初の介入を正当化したのだが、その主張は規約人権委員会に至るまで貫かれた。他方、自分が選んだ仕事に就くのを許されなかったことで自分自身の尊厳が侵害されたというワッケンハイム氏の主張は、力をもちえなかった（または彼は、そこで行われていたことを誰かがたまたま目にして不愉快になったというのではなく、料金を支払った相当数の客が参加したという意味においてのみ公共的である場所において、自分が自由に振る舞うことが許されなかったことで、自分の尊厳が侵害されたのだ、と主張することもできただろう）。そのもとで彼が訴えを起こした条約（市民的および政治的権利に関する国際規約と、欧州人権条約）には尊厳についての明確な言及がなかったことも、（私は法律家ではないが）彼にとっては不運だったのかもしれない。しかし、現代の尊厳に関する法体系の多くは、法令や条約に明記されたものに頼ることなく、尊厳の概念を推定している。さらに言えば、国際人権規約は、尊厳が実際に明記されている世界人権宣言を実施していく手段として発展したものである。

議論の余地はないと私は思うが、小びと投げに威厳はない。しかし、それは他の多くの人間の活動にもあてはまる。私の経験から判断すると、深夜のクラブやバーでの威厳に欠ける行為を国家が自分の責任で防ごうとしたら、控えめに言っても、大忙しになるだろう！　だが、そんなことをすべきなのだろうか。そもそも、威厳のない振る舞いによって誰が傷つくというのだろう。威厳のない振る舞いをするのが本人であり、自ら進んでそれを行っており、その帰結を自覚しているとして（ワッケンハイム氏が裁判を闘うためにどれだけ苦労したかを考えれば、このことを疑う者はいないだろう！）、そのような行動を止めるのが国家の務めだろうか。尊厳をもって扱われるということは、尊厳ある振る舞いをするかどうかを自分で選択する権利が自分たちにはある、ということではないのだろうか。国家には「人間の尊厳」を守る義務があるとして、それは、人びとが威厳なく振る舞う選択をすることを禁止する権利を国家が有することを意味するのだろうか。私が威厳なく振る舞うとしたら、おそらくそれは、選択する力を私が格別に上手に使っていることにはならないだろう。それでもなお、それを選ぶことは私には許されないのだろうか。

自らの内にある内的で超越論的な核心――「人間の尊厳」――を守れるように、小びとたちに威厳ある振る舞いを要求すること、それだけが問題になっているのではないと主張して、私が述べたことに異議を唱える人もいるだろう。実のところ、小びと投げによって傷つけられる(ワッケンハイム氏以外の)人びと、つまり小人症のコミュニティが存在するのだ。アメリカで小びと投げが問題になったとき、リトル・ピープル・オブ・アメリカという組織は、「リトル・ピープルが勝ち得ようとしている環境や尊敬のあり方を破壊する」という理由で、催しに猛烈に反対したのである。同じような議論は、売春に反対するときにもよくなされる。なるほど、売春婦は完全に自発的に、強制されるのではなく、搾取的でないやり方で性的サービスを販売しているかもしれない(実際にはそんなことはめったにないのだが)。しかし、かりにそうだったとしても、彼女たちの行為は他の女性たちを傷つける。セックスのために男性が女性にお金を払うという行為は、金銭の授受が起こらない他のケースにおいても、(端的に言って)男女の性的関係の本質を掘り崩していくことになる。

しかし、これにはいくつか手短に応答することができる。誰かがあなたの評価を下げるような行動をとったからといって、そうした振る舞いを禁止する権利があなたにあるわけではない。想像してみよう。たとえば、ある学校の生徒のグループが、かれらのクラスの同級生たちの評価に傷をつけるような振る舞いをしたとする。その行為自体は違法ではなく――窓を割って回るといったことではない――怠け者だ、無礼だといった評判を生むだけのものだったとしよう。おそらくこの場合、同級生たちはそうした振る舞いに不満を言う権利をもつだろう。しかし、それを禁止する権利はあるだろうか。そうではないことを願う。厄介なのは、「尊厳」という言葉に、譲り渡すことのできない価値をもつ内的で超越論的な核心という発想との結びつきに由来するような、絶対主義的な響きがあることである。誰かがそれを侵害しようものなら、もちろん大変なことになるし、国も何もしないわけにはいかない。しかし、他人の心のなかで、威厳なく振る舞う誰かの行動と自分がたまたま結びつけられてしまったことにより、自分の評価が下がってしまったらどうするか。申し訳ないが、私の考えでは、それは我慢するしかないだろう。

威厳のない振る舞いをする権利を誰かに与えても、それは当人にとってたいした権利ではないと、あなたは思うかもしれない。あなたがこう反論するのが想像できる。威厳がないということはまず当人にとって悪いことである。自分だけの害になる悪いことを(たとえば、たばこを吸ったり、不健康なものを食べたり)したいならば、放っておいたらいい。そう考える主な理由は、国家が干渉してきて自らが乳母であるかのように人びとを扱うことを、私たちは望んでいないというところにある。そのような振る舞いによって他の人びとが傷つけられるなら、それは確かに、まったく別問題ではあるけれども。

ここで、問いを投げかけたい。威厳がないのは常に悪いことだろうか。尊厳を放棄することは、実のところ――威厳のない振る舞いをする人にとっても、それ以外の人びとにとっても――、（適切な状況のもとでは）価値のあることではないのだろうか。「威厳のある」人と聞いたら、あなたにはどのようなイメージが浮かぶだろう。おそらく、（若くはなくて）年配で、白髪まじりで、背が（低くはなく）高くて、地味な服装で――（ラオコオンのような腰巻は身につけておらず）たぶんローブ姿で、ゆったりした動きで、（敏捷ではなくて）力強く、そして、ほぼ間違いなく男性なのではないだろうか。「立派な（worthy）」人物の例を挙げてほしいと頼めば、（特に英語を母語とするイギリス人であれば）昔ながらの「町のお偉方（civic dignitary）」――おそらくはアルダーマン（上級議員）を思い浮かべるかもしれない。

これを念頭に置いて、一九〇四年六月二七日の『ハックニー・アンド・キングズランド・ガゼット』紙に掲載された、ショアディッチという「進取の気性に富んだ地区」（公衆浴場は贅沢ではなく、絶対に必要なものだとみなしている）におけるハガーストン浴場の開設に関する記事の一部を紹介しよう。この浴場は、「近隣地区からの多くの紳士淑女に加えて、評議員、官吏、高額納税者が列席するなかで」、区長（Ｈ・Ｂ・バード治安判事）によって開所式が行われたとされている。その式次第は、区議会の浴場・洗濯場委員会の委員長のスピーチから始まったが、そこには計画の進捗に関する「多くの興味深い詳細」と新聞が呼ぶものが含まれていたという。それから区長が施設の開場を宣言し、この事業は「それに値する成功と感謝を得ることになるだろう」という希望を表明した(皆が同じ思いだと区長は確信していた)。

E・J・ウェイクリング上級議員(委員会の副委員長)は、大きな拍手喝采を浴びながら、水泳用の浴場に一番に飛び込んだ。立派な上級議員は、浴場の端から端まで水中を泳いで皆を驚かせた。

ウェイクリング議員、万歳! 実に「立派」だ! 彼が良い感じに控えめなエドワード朝時代の水着を身につけて、市民的な誇りをこのように(少なくとも私たちの現代的な視点からすると)いくぶんか大げさに示しながら、わずかに不遜な態度を見せている姿が目に浮かぶ。彼がプールに飛び込んだことは、大切な教訓を伝えている。尊厳を捨てるのによいタイミングがある、ということだ。彼の威厳のないパフォーマンスは、その場の尊厳がインチキな偽物であることを暴露したというより、控えめで適切な遊び心によって、むしろ尊厳を高めたのである。

私は微笑んでしまう。

ここで、とても重要な論点が浮かび上がってくる。尊厳を促進するのは常によいことだと仮定されていた——そして問題は、尊厳は空虚な宗教心にすぎないのか、だとすれば、それを敬うことは何を意味するのだろうか、ということであった。しかし、そのような仮定は正しいのだろうか。ときには尊厳を捨てることが、さらには尊厳を攻撃することまでもが、適切な場合があるかもしれない。様々な形式や意味において尊厳の喪失を——意図的かどうかはともかく——追求する文学ジャンルがある。「喜劇《コメディー》」と呼ばれるものである。ジョージ・オーウェルは、ずばり、ユーモアと尊厳の喪失とのつながりが喜劇の中心にあることを見抜いていた。

ユーモアを一言で定義するなら、「画びょうの上に座る尊厳」とでも定義できるだろう。尊厳を破壊し、強者をその座から引きずり降ろすものは何でも、ガツンとやってくれるなら、なおさら面白いのである。

第二次世界大戦下や戦後のイギリスで育った者ならば、ユーモアがいかに社会的に重要であるかが理解できるだろう。イギリスが気まぐれに、そしていつも不首尾に、服従と階級の文化から脱却しようと奮闘していたとき、偉大なる喜劇作品(『イッツ・ザット・マン・アゲイン』『ラッキー・ジム』『ザ・グーン・ショー』『素晴らしき戦争』『ザット・ワズ・ザ・ウイーク・ザット・ワズ』『ビヨンド・ザ・フリンジ』『空飛ぶモンティ・パイソン』など)は、解放の瞬間を表現するものであった。

尊厳が権力につけ加えている風格を剝ぎとるために非礼を働くのは、しばしば痛々しく、ショッキングなことである。しかし、尊厳に対するこの種の攻撃はとても重要である。したがって私の考えでは、個人の分別や良識の範囲を超えて、威厳を保つ義務を拡大しようとする国家の試みに対して、私たちは抵抗しなければならない。私たちが、人間の尊厳は、内的で超越論的な核心——それが何であれ私たちに本質的な価値があると主張する根拠となるもの——であると理解するとき、その「人間の尊厳」が国家権力によって守られるべきだというのは十分に妥当であるかのように見える。しかし、自己と他者に敬意を表する——もしかすると抽象的な存在、すなわち国家そのものに対してまで敬意を表する——義務を強制する権力を国家に与えるということになれば、話ははるかにきな臭いものになる。(たとえば、ウクライナ刑法の第一六一条は、「国家の名誉と尊厳に対する侮辱」に対して二年以下の懲役を科している。)私たちは、暴君が身を守るために伝統的に使用してきた不敬を罰する法律に近づいてきている——

それも恐ろしいほどに。

だが、民主主義社会の人びとには非礼な態度を示す自由があるべきだとしたら、そのことと尊厳をもって他者に接する義務に、どう折り合いをつけたらいいのだろう。他者の人間性に敬意を表する義務は、私たちが敬わなくて当然であるような人びと——とりわけ犯罪者——に接する際にも残る(いくつかの意味で、この場合の方が重要でさえある)。キリスト教には「罪を憎みなさい、罪人を愛しなさい」という命令があるが、この区別に従うのは非常に難しい。ある種の屈辱的な罰は絶対に容認できないことは明らかだが、人に屈辱を与えずに罰することはできるのだろうか。自分の自由を奪われ、常に監視されていることが、屈辱的でないだろうか。さらに言えば、罰として表現される屈辱的なメッセージは、望まれない副次的効果というわけではない。それは罰そのものの一部である。国家は犯罪者に対して、単に「あなたは社会に借りをつくった。今、すべてを返済してください」と言っているのではない。犯罪者を有罪にして処罰する際、国家はその人物の行為を公然と非難の対象にしているのである。

しかし、ふたつの点を忘れてはならない。第一に、権力をもつ者ともたない者の状況には重要な違いがある。もちろん伝統的に、ものごとは上意下達で進められていた。王、貴族、裁判官といった社会的に高い地位の人物に対して——社会的に優位にある人びと全般に対して——

適切だとされる敬意を示さなかった人は罰せられただろう。しかし民主的な社会では、ものごとは逆であるべきなのである。権力者が一般市民に対して敬意を表することが求められるのであって、市民が権力者に対して、ではない。私が国家元首をあざ笑うことと、国家元首が私をあざ笑うことは、別の話である。だからこそ、国家がその究極の権力――犯罪者の処罰や戦争中の暴力――を行使するとき、尊厳をもって他者に接するという意味で尊厳を保持することが特に重要になる。第二に、何かが間違っていることが事実だとしても、それを国家が禁止することが常に正しいとは限らない。尊厳に対する攻撃の多くが、解放的破壊をもたらすのではなく、無粋で、衝撃的で、痛ましいものであることは、認めざるをえない。しかし私たちは、それらをありのままに受け入れるべきなのかもしれない。

このように競合する主張のつりあいをとる必要性は、尊厳が何よりも優先して守るべき価値であるような、内的で超越論的な核心として表現された途端に、見失われてしまう。このことを説明するために、ドイツの連邦憲法裁判所(最高裁判所)が関係する事例をとりあげて、この章の後の方で行う議論を先取りすることにしよう。一九八七年、憲法裁判所は、著名な政治家フランツ・ヨーゼフ・シュトラウス(キリスト教社会同盟(CSU)の長年の党首)を交尾中の豚として描いた風刺雑誌に対する有罪判決を支持した。裁判所の判決は、「彼の私的生活の、擁護できる核心の一部をなす性行為の描写は、人間としての当該個人の価値を落とし、彼から人間の尊厳を奪うことを意図するものである」(BVerfGE 75, 36)としている。しかし、政治的な風刺画は描かれる人物の尊厳に挑戦するはずのものであり、したがって、疑いなく「当該個人の価値を落とす」ことになる。これは単純に、民主主義において権力者(当時のシュトラウスは確かにそうであった)が耐えるべき無礼で無粋なことではないだろうか。

敬意のない振る舞いをする権利は、確かに、気配りをして慎重に行使されるべき権利である。おそらく許容できる限度もあるだろう(ヘイトスピーチが迫害を招いたという恥ずべき歴史を背負うドイツでは、他の民主主義社会よりもその限度がより厳格に設けられていると考えるのは筋が通っている)。しかし、拒否されるべきは、侮辱的で苦痛を与えるスピーチは人間にとって価値あるものの核心を自動的に傷つけるのであって、それを許容すれば「(シュトラウス氏の)人間の尊厳を奪う」ことになるという考え方である。これは、ワッケンハイム氏の事例から得られる重大な教訓だと思う。私の疑念はこういうことだ。道徳性の基盤としての人間の尊厳の考え方の中身が示されない状態だったため、尊厳の概念を法の文脈に適用する仕事をする人びとは、結局のところ、威厳ある者という見当違いの概念を使って、その中身を埋めてしまったのではないだろうか——そうやって、ワッケンハイム氏に威厳ある振る舞いを要求することになった。しかし同時に、この要求は、個人の侵すことのできない中心部分をめぐる問題として表現された。これは大きな間違いである。なぜなら、敬うに値しないと考えるものに対して敬意のない振る舞いをする市民の権利を否定する危険があるだけでなく、威厳があるという性質は普遍的に拡張できるものでもないからである。人間の尊厳というものは基本的な価値であり、国家はそれを保護すべきだという考え方を支持する者は、誰であれ、その対象から子どもが外れることを認めないだろう。幼い子どもに優美さがある、と言うことはできると思う。しかし、その振る舞いにおいて、二歳の子どもほどに威厳がない者がいるだろうか。

二　ドイツ

「尊厳」は人権についての国際規約や宣言だけでなく、様々な国の法制度のなかの法律や司法判断に登場するが、ドイツほどに尊厳を法制度に組み込んでいる国は他に存在しない。ドイツ連邦共和国基本法に記されているように、人間の不可侵な尊厳は、ドイツ憲法の基本原理である。戦前のワイマール憲法もすでに尊厳に言及していたが、戦後の連邦共和国は、それを基本法の第一条の第一項に昇格させることによって、ドイツ法における尊厳の中心的位置づけを確かなものにした。第一条の最初のふたつの条項は次の通りである。

（１）人間の尊厳は不可侵(*unantastbar*)である。これを敬い、保護することは、すべての国家権力の義務である。

（２）ドイツ国民は、それゆえに、侵すことのできない(*unverletzlichen*)、かつ譲り渡すことのできない人権を、世界のあらゆる人間社会、平和および正義の基礎として認める。

（ドイツ語ではふたつの異なる言葉である「不可侵」と「侵すことのできない」は、英語では同じinviolableになるが、このふたつの意味には重要な違いがあると指摘する人もいる。）

基本法の第一条は、連邦憲法裁判所によって様々な文脈で引き合いに出されてきた。たとえば、釈放の可能性のない終身刑という考えを否定したり(死刑そのものはもとより連邦共和国の法律には存在していない)、国家による個人宅の監視に制限を設けたり、国勢調査での強制的なデータ収集の提案を阻んだり、のぞき見ショーの禁止を支持したり、最近では、テロリストが自爆攻撃に用いるのを防ぐためにハイジャックされた航空機の撃墜を認めようとした法律を、無効にしたりもした。裁判所はまた、人間の尊厳を侵害する行動——拷問、奴隷制、ジェノサイド、屈辱的または非人間的な処罰への服従、誘拐、汚名を着せること、いわゆる「価値なき生命」の破壊、そして人体実験など——のリストについて合意している。ドイツの法廷による尊厳の解釈は、当然のことながら非常に複雑であるが、その背後にある原理は明らかになりつつあるように思える。

それを探り出す前に、まずは、ドイツ連邦共和国基本法が誕生した際の状況を思い出すべきだろう。基本法の計画と立案は一九四八年から四九年にかけて行われたが、それは冷戦の幕開けと一致している。ソビエト連邦との対立の激化を受けて(ベルリン空輸をもたらしたベルリン封鎖が終わったのは、基本法が発効したのと同じ一九四九年五月であった)、西側の占領国とベネルクス三国は、西ドイツの諸州はまとまってひとつの国家になるべきだと主張した。しかし、西ドイツ人自身の方は、ドイツの事実上の二分割に正当性があると認めたと思われたくなかったので、それには消極的だった。したがって、「憲法」ではなく「基本法」という名前が選ばれたのには、新国家の地位を暫定的なものにしたいという西ドイツ人の望みを反映させる意図があった。

この基本法には、ふたつの重要な条件があった。第一に、新たなドイツ国家とその前身の国家との間に明確な線引きをしなければならなかった——きわめて明白なことだが、ナチス国家の残虐行為と訣別するためである。しかし、連邦共和国にとっては、東側のライバル（一九四九年一〇月にドイツ民主共和国が誕生）と自らを区別する政治的アイデンティティを確立させることもまた重要であった。国家権力は人間の尊厳を「敬い、保護する」ように方向づけられるべきであり、「それゆえに」人権が「侵すことのできない、かつ譲り渡すことのできない」ものであるという考え方は、これらのふたつの問題の両方に対処するものだったと考えられる。

連邦共和国基本法は、ドイツの個別の州を政治的に代表する人びとによって合意された（西側の同盟諸国は少し退き、同意のために草案の提出を求めたが、議論に直接は参加しないようにした）。それらの代表者のほとんどは、戦後のドイツ政治を支配したふたつの政党、すなわちキリスト教民主同盟（ＣＤＵ）と社会民主党（ＳＰＤ）の党員で構成されていた。コンラート・アデナウアー（その後、初代の連邦首相になる）らの政治家を通じて、カトリックの影響も非常に大きいものがあった。しかし、基本法の第一条の承認は、「重なり合うコンセンサス」が機能した明確な事例だった。宗教界と世俗界から議論に参加した人たちが双方ともに受け入れられるように考えられた草案が、承認されたのである。このような要素のすべてが、尊厳の解釈をまとめあげるのに何らかの役割を担うことになった。

三　カント的な背景——人間性の定式

尊厳は人格性の不可侵の特徴である、というドイツ連邦共和国基本法の原理は、実際、カントにまでさかのぼることができる。『道徳の形而上学』において、カントは次のように書いている。

> 人間性はそれ自体が尊厳である。なぜなら、人間は誰によっても(他者によっても、または自分自身によってさえも)単なる手段として用いられてはならず、常に、同時に、目的として用いられなければならないからである。そしてそこに、まさに人間の尊厳(人格性)が存するのであり、それによって人間は、世界において、人間ではなくて用いられることができるすべての存在、すなわちすべてのものの上にあるのである。(*Ak.* 6: 462)

そして(道徳法の体現者としての)私たちの人格のなかにある人間性は、『実践理性批判』においては「不可侵」であると明確に記述されている。

> 道徳法は神聖(侵すことのできない[*unverletzlich*])である。人間は実のところ、まったく神聖どころではないのだが、かれの人格のなかにある人間性は、かれにとって神聖でなければならない。(*Ak*. 5: 87)

さらに、第一章で見たように、カントにとって人格性は道徳の基礎をなすものである――それは「特定の諸法の根拠」(*Ak*. 4: 428)である。基本法がカント的なルーツをもつことは、当初から批評家たちによって強調されてきた。たとえば、カトリックの法学者ギュンター・デューリッヒは、一九五八年の解説のなかで、カントによる有名な一節を繰り返し引用している。

> 人間の尊厳は、個々の人間が単なる手段に、つまり交換可能な重みのものに減じられたときに、侵害される。

このように人間が手段として客体となるときに尊厳が侵されることを、デューリッヒは客体定式と呼ぶ。それがドイツ法における尊厳の議論の出発点になっている以上、そこで表現されているカントの思想をどのように理解すべきかを問うことは、道理にかなっている。カントを適切に解釈すれば、私たちは、明瞭かつ原則的なやり方で「尊厳」の境界線を定め、「特定の諸法」を得ることができるだろうか。

「定言命法」の非常に有名な定式化のひとつ（一般にはこれは人間性の定式と呼ばれている）で、カントは次のように書いている。「自分の人格の内にあるものであれ、他の誰かの人格の内にあるものであれ、人間性を、けっして単なる手段として扱うのではなく、常に同時に目的として扱うように行動せよ」(*Ak*. 4: 429)。この人間性の定式が正確に何を意味するかについては、学術文献において、もちろん、終わることのない議論が続いている。これについて私自身がこれから簡単に解説するにあたっては、細部に立ち入ることは避けて、深刻な問題だと思われるものをできる限りはっきりと示すことにしたい。このことを念頭に置いて、当たり前のことから始めさせてほしい。人間性の定式にはふたつの要素が含まれている。ひとつは、人格を「常に……目的として」扱うこと、もうひとつは、「けっして単なる手段として」は扱わないことである。まずは第二の要素を取り上げて、問いかけてみよう。ある人を「単なる手段として」扱うとはどういうことだろうか。

人びとを単なる手段として明白に扱う方法のひとつは、かれらを純粋に物理的な対象として扱うことである。寒くて風の強い日に、バスを待つ人びとが列をなしているところを想像してみよう。あなたは後ろに並ぶので、他の人びとはあなたの風除けになる。明らかにこのとき、他の人びとはあなたに使われる手段以外のなにものでもない――かれらはあなたの利益を増進しており、あなたはかれらが人間であることを認識していない（実際、あなたの利益は、そこにあるのが無生物の木の板だったとしても達成される）。バスを待つ行列を風除けとして使うことは人びとを単なる手段にしていることに他ならないが、そうはいっても、あなたが道徳的に好ましくないことをしているようにはみえない。結局のところ、あなたはかれらを利用しているのだが、何か不利益を与えているわけではないのだ。かれらは、あなたがそこにいなかったとしても、ひたすら寒々しく惨めに立ち続けていたことだろう（それはただ、それだけのことである）。

しかし、このように他者を単なるものとして扱う事例は非常に珍しい――たいていの事例は、独創的なたとえ話を思いつく哲学者の能力の産物にすぎない。現実はもっと複雑である。次のことを覚えておこう。カントは、私たちが人びとを手段として扱う（より厳密には、かれらの人格の内にある人間性を手段として扱う）ことができないとは、まったく言っていないのである。実際、私たちがお互いを手段として扱うことが片時も許されないとすれば、社会生活がどうなってしまうか想像しにくい(バスの運転手はあなたが仕事に行くための手段であるし、ITサポート担当者はインターネットが機能するための手段である、など)。カントが禁止したのは、かれらを手段としてのみ扱うことである。通常、私たちがかれらを利用するとき、私たちはかれらがもの以上の存在だからこそ可能な方法で扱っているのである――かれらが人間としての能力を有しているからこそ、かれらは役に立つのである。そしてそれは、私たちが人びとを道徳的に受け入れられない方法で利用する際も、同じことである。私たちは木の板をいじめたり、だましたり、搾取したりすることはできない。しかし、ここで新たな解釈上の困難が生まれる。私が人びとをそのように利用するとき――たとえば、かれらに嘘をつく――、私は同時に、ある意味でかれらを認識し、したがって人間として扱っていることにならないだろうか。私は結局のところ、かれらに語りかけ、自分を理解してもらおうと期待しているのである。ここで、問題は次の段階に入る。人間を利用するなら、通常は、その相手を少なくとも何か最低限の方法で人間として(無生物の客体としてではなく、人間として)認識するように要求されることになる。だとすると、私たちはどこまで行けば、かれらを「単なる手段」としては扱っていない、と言えるようになるのだろうか。

すぐに頭に浮かぶひとつの考え方は、私たちが人びとの利益(かれらの願望や福利)そのものを重視せずに振る舞うとしたら、かれらは人間として認識されているにもかかわらず、単なる手段として扱われていることになる、というものである。そうすると、奴隷主が、そんなことをしても自分の利益にならないというわけで、奴隷の福祉を高めることを何もしないとすれば、かれらを「手段のみ」として扱っているということになるかもしれない。したがってそこから、人びとの利益それ自体を重視している者は、かれらを単なる手段として扱っているわけではない、というふうに推測できるかもしれない。

しかし、そんな考えは通用しないだろう。奴隷主がかれらを過酷に扱いつつも、極端な搾取まではしなかったとしたらどうだろう。カントの基準は満たされないのだろうか。だが、極端な搾取をしなかったとしても、奴隷の所有が道徳的に受け入れられないことは明らかである。哲学者デレク・パーフィットは、中国の川で盗賊に襲われた自分の母親の話をしている。盗賊たちは彼女の結婚指輪を奪わなかったのだという。このちょっとした騎士道が明らかにするのは、盗賊たちはパーフィット夫人のすべてを奪わなかったという意味においてのみ、彼女を単なる手段としては扱わなかったということである。だからといって彼女を襲ってもいいということにはならないのも、同じように明らかである。

ここまでの議論をまとめよう。私たちは、単なるものとして（風除けのように）扱うという意味において、人びとを手段としてのみ利用することが、実際に道徳的に容認されるような事例がありそうだということを見てきた。その一方で、人びととの相互作用によってかれらの主体性を認めることも、かれらの利益そのものを重視することも（どちらも、人びとを「手段のみ」としては扱わないという考え方を理解するには、悪くない方法であるように見える）、そうした事実だけでは、行動を道徳的に容認するのに十分ではない。関連する文献では他にもより複雑なことがたくさん示されているけれども、人を手段のみとしては扱わないという考え方を応用することの難しさが根深いものであることは、私たちは十分に確かめられたと思う。

　では、私たちは人を「目的として」扱うべきだという、肯定的な考え方についてはどうだろうか。カントは、人間性の定式の記述に先立つ段落において、私たちの傾きによって条件つきで価値をもつものと、無条件的に価値をもつものとを対比させながら、人間は「それ自身として目的」であるという考え方を導入している。

> 存在それ自体が絶対的な価値をもつもの、つまりそれ自体が目的として特定の諸法の根拠になりうるものがあるとしよう。すると、そのなかに、そのなかにおいてのみ、ありうべき定言命法の根拠、すなわち実践法の根拠があることになるだろう。

そこで私はこう言う。人間およびすべての理性的な存在者一般は、あれこれの意志によって思いのままに用いられる単なる手段としてではなく、それ自身、目的として存在するのであると。それどころか人は、そのすべての行為において、それがその人自身に向けられる場合であれ、他の理性的な存在者に向けられる場合であれ、同時に目的としてみなされなければならないのである。(*Ak.* 4: 428)

私たちの意志からは独立して存在するような、理性をもたない生きる存在であってもなお、「手段として相対的な価値だけは有している。したがってそれはものと呼ばれる」(*Ak.* 4: 428)とカントは言う。他方で、理性的な存在者は「人格と呼ばれる。なぜなら、それらの本質は、理性的な存在者を、それ自身が目的であるものとして、すなわち、単なる手段として用いられてはならないものとして際立たせているからであり、したがって、その限りにおいてすべての選択を制限している(そして敬意の対象となる)からである」(*Ak.* 4: 428)。人格すなわち道徳性の体現者は、人間の欲望や選択に関する事実がどのようなものであれ、そこから独立した絶対的な価値をもつ。人間が体現する絶対的な価値——すなわち道徳法——は、敬意の対象であり、それと同時に(カントが言うには)「特定の諸法の根拠」として機能している。

しかし、人間が本当にこの種の目的であるとするならば、私たちは人をどう扱えばよいのだろうか。その難しさを理解するには、カントの視点と、功利主義、つまり幸福が唯一の究極の善であるという学説の視点を、対比させるとよいだろう。功利主義者もまた、個人の欲望や選択との関連において価値をもつような目的(かれらの個人的な幸福)と、独立して価値をもつもの――社会全体の一般的な幸福――とを区別する。したがって、功利主義にとっては、一般的な幸福はそれ自体が目的だということになる。しかし、幸福は、どうすればそれを増進できるかを私たちが知っている目的である。つまり、多ければ多いほどよいのだ！　これとは違って、人間の道徳的な人格性が「目的」であるとは言えるかもしれないが、それをどう前進させるのがよいかとなると、まったくはっきりしない。人格性というのは、もたらされる状態――私たちが近づいたり遠ざかったりできるもの――ではない。人間は、道徳的な行為主体である限りにおいて、すでに譲り渡すことのできない人格性の尊厳を有しているのである。というわけで、人間を目的としてどう扱うべきかというのは、また別の未解決の問題として現れてくる。したがって、人間性の定式のふたつの部分のどちらに依拠するにせよ、何が道徳的に許されて、何が許されないかについては、明白に、あるいは容易に定めることはできないことになる。これが私の結論である。

もちろんカント自身は、自分の道徳理論には内容がないなどと思ってはいなかった。人間性の定式は『基礎づけ』のなかで紹介されているが、それはカントが、これもまた有名な「普遍法の定式」を提示した後の部分である。「その格律が普遍法となることを自分が同時に望めるような、そのような格律に従ってのみ行為せよ」(*Ak.* 4: 421)。人間性の定式が、内在的な価値をもつもの(道徳法を体現する者としての人間)を見つけだすのに専念しているのに対し、普遍法の定式は、理性的な意志の構造を探究する。カントによれば、禁止されている行為というものは、そうした格律(それらの行為の背後にある原理)が普遍的な自然法であるとは考えることすらもできないために、あるいは、そうした格律が法になることを私たちが望むことができないために、禁止されているのである(「なぜなら、そのような意志は自己矛盾を起こすだろうからである」(*Ak.* 4: 424))。そこでカントは、普遍法の定式と人間性の定式の両方の記述に従って、道徳的義務の四つの事例を提示するのだが、それらは、ふたつの定式のどちらの定言命法からでも同じように引き出せるとかれが主張するものである。これらの四つの事例は、縦横のふたつの軸によって分けられた四種類の基本的義務を例示するものだとされる。すなわち、自己に対する義務と他者に対する義務、絶対に従うべき完全義務と、それに向かって努力すべき不完全義務である。したがって、自殺の禁止は自分に対する完全義務であり、約束の履行は他者に対する完全義務であり、自己の能力開発は自分に対する不完全義務であり、困っている人を助けるのは他者に対する不完全義務である、ということになる。

もっともなことだが、カントの現代の解釈者たちは、意志を強調する普遍法の定式を使うことで、人間性の定式を特定しようとしてきた。現代のカント研究者であるクリスティン・コースガードが説明するところでは、もの一般がどうやって目的になるかを考えることによって、人間性がどうやって「それ自体として目的」になるのかを理解できるという。

問題になったのは、ある目的の善きこと——たとえば、傾きの日常的対象の善きこと——の源泉であった。その源泉をたどると、合理的に目的を選ぶ力、この場合、その目的をめぐって行使される力へとたどり着くのだった。そしてカントが理性や人間性はそれ自体が目的だと言うとき、彼が言及しているのは、合理的な選択の力、とりわけ、目的を定めて(何ものかに善きものという地位を与えることでそれを目的として)、それを合理的な手段で追求する力のことである。

コースガードによれば、選択し、望むことによってものごとに価値を与える私たちの能力こそが、私たちを行為主体にする。そして、私たちがそれを合理的に行うことができるという事実が、私たちを道徳的な行為主体にする、つまり私たち自身を目的にするわけである。オノラ・オニールもまた、自分たち自身が目的であるような人間の価値と、合理的な主体性となる能力との間に、同じような種類のつながりを見いだしている。

> ものは行為することができないので、格律をもつことができず、自らがどのように使われるかに対して同意したり異議を唱えたりすることもできない……。私たちが自分たちの意志をものに課すとき、私たちは、それらの主体性を妨げたり、制限したり、損なったりはしない——ものには主体性がないからである……。これに対して、私たちが他の行為主体を単なる手段として扱うならば、私たちはかれらの主体性を妨げたり、損なったり、制限したりすることになる。私たちは、かれらの意志を先取りするような、そして協力したり同意したりする——あるいは異議を唱える——可能性を与えないようなやり方で、自分たち自身の計画のためにかれらを支柱や道具として使うわけである。それは、私たちが単に、かれらが同意しないやり方で行動するかもしれないということではない。かれらが同意できない格律にもとづいて行動するということである。

コースガードとオニール(ともにジョン・ロールズの弟子である)のふたりは、カント的な道徳理論の最も洗練された今日的提唱者である。人間それ自身を目的として扱うことが何であるかについての彼女たちの説明は、合理的な行為主体としての人間の性質に結びついている――コースガードの場合、それは、ものに価値を与える合理的な選択の力に結びついているし、オニールの場合は、諸個人が(合理的に)同意できるような方法でかれらを扱う必要性に結びついている(もちろん、これらの説明が相互補完的であることは容易に理解できる)。どちらも大まかにいえば、人間それ自身が目的であることが何であるかについて、主意主義的(voluntaristic)な説明をしていることになる――もちろんそれは、恣意的な選択によるあれこれの行動が絶対的な価値をもつという意味ではなく、人間には、一般的な意志の力と、自分たちの望みを理性の原理によって制限する力の両方を有することによって、内在的な価値がそなわっているという意味である。

ドイツ憲法における尊厳の解釈の問題は、人間性の定式に具体的な法的表現を与えるというだけの問題ではない。なぜかといえば、人間性の定式が何を意味するかを確定させて、そこから「特定の諸法」を導き出すことが、たいへん難しいのである。とはいえ、それは話の一部でしかない。私たちは、ドイツ連邦共和国基本法と、カント倫理学における人間性の定式とでは、尊厳が異なる役割を果たしていることを忘れてはならない。人間性の定式は、カントの定言命法における定式のひとつである。つまりそれは、適切に解釈されれば(あるいは、カントは私たちに適切だと信じさせようとした)、個人に当てはまる異なる種類のすべての道徳的義務、すなわち自分たちに対する義務、他者に対する義務、完全義務、不完全義務を明るみに出すような包括的な道徳原理を体現している(あるいは、少なくともその一部を成している)。ドイツの基本法のように憲法に組み込まれる場合には、尊厳は必然的に、まったく異なる、ずっと限定的な役割を果たすことになる。自由で民主的な国家の法的枠組みの一部として、それは法律と同様に、国家の行為のための規範を確立し、個人の私的行為を規制する働きをもつ。個人が一般的にどのように行動するべきかを指示する定言命法とは異なって、憲法における「尊厳」は、まさに、それを超えてしまうと国家が強制力を行使して介入することが要請されるような形で、個人の振る舞いが許される範囲の限界線を引いてしまうのである。

四　カトリック思想とドイツ連邦共和国基本法

カントは人を目的として扱うことと、手段としてのみ扱うことを区別したが、ドイツ連邦共和国基本法における尊厳の解釈を、この区別を法的に実践する試みであると考えることはできない。そのようにできないもうひとつの理由——私のなかではより重要なもの——は、ドイツの法律にとっての、非カント的な倫理的思考の伝統、具体的にはカトリック思想の伝統の重要性である。もちろんドイツ連邦共和国は、宗教が政治的な役割を果たすことはない近代的な民主国家だとされる。にもかかわらず、宗教（とりわけカトリック）の法と政治に対する影響力は常にとても大きかった。ドイツの中道右派の主要政党であるキリスト教民主同盟（CDU）とその盟友であるバイエルンのキリスト教社会同盟（CSU）は、キリスト教への志向をもつことを隠さない。二〇〇五年に行われた調査によれば、CDUの党員の五一パーセントがカトリック、三三・三パーセントがプロテスタントであり、教会に通っていないのは一五・七パーセントだったという。CSUはバイエルンの地域政党なので、カトリック色がより濃いことは間違いないだろう。戦争の直後は、歴史的にもっともな理由があって、宗教の影響力が特に強かった。国家社会主義のもとでの行動によって完全に信用を失ったわけではない(わりあい少数の)右派の著名人たちは、たいへん信心深かったのである(すでに触れたように、特にそれが明らかだったのはコンラート・アデナウアーだった)。さらにドイツの法曹界では(裁判官と法学者の双方において)、伝統的にカトリックが非常に大きな存在感を示していた。ギュンター・デューリッヒを別とすれば、エルンスト゠ヴォルフガング・ベッケンフェルデは、連邦憲法裁判所においておそらく最も影響力のある裁判官であり(一九八三年から一九九六年まで判事を務めた)、カトリック教徒である(カール・シュミットの弟子で、ドイツ社会民主党員でもあった)。

前の章で見た通り、一九世紀のカトリックの倫理思想、社会思想において、「尊厳」は人権に代わるものとして重要な役割を担っていた。それは、民主的で平等主義的な様々な考え方に反対し、社会や家族というものは神によって定められた(とされる)下降していく権威のヒエラルキーを体現しているという見方を支持するために、(たとえばローマ教皇レオ一三世によって)利用されていた。一九世紀末から二〇世紀初頭にかけて、カトリック教会は、人民主権という民主的な考え方に人びとが固執し続けた結果として、社会主義という有害なものが生まれたととらえていた。カトリック教会が民主的平等主義に反対したことで、様々な急進的右翼——ファシストやファランジスト——の運動に対する批判が削がれることとなり、このことが

(控えめに言って)国家社会主義に対抗する力を損なわせることになった。率直に言ってしまえば、一九世紀のカトリック的な尊厳の観念は、フランス革命の諸原理に対抗するカトリック教会の長い闘いの一部なのであった。

ドイツ連邦共和国基本法(および世界人権宣言)の時代になると、その闘いがついに終わり、カトリックの社会的な教えはとても重大な方向転換(おおむね静かに行われた)を経験することになった。冷戦の初期、カトリック教会は当然のことながら、共産主義に反対することに主眼を置いていた。それからカトリックは、人間の尊厳を平等な権利や民主主義と結びつける準備を整え、世俗的なリベラリズムと手を取り合って東側の体制に対抗するようになった。ドイツの基本法第一条は、人間の尊厳に卓越した地位を与えるとともに、(「それゆえに」)尊厳は、万人が等しく「侵すことのできない」かつ「譲り渡すことのできない」人権を有するという主張の根拠として機能すると推論しており、そうやって教会は、このことを強調する基本法第一条を喜んで支持したわけである。このカトリックの社会的な教えの抜本的な改革は、最終的には、第二バチカン公会議によって定着することになる。(興味深いことに、連邦共和国が成立した時点で、皆が情報を共有していたわけではなかったようだ。CSUが多数派を占めていたバイエルン州議会は基本法の承認を拒否した——同州は、西ドイツの州の三分の二以上が賛成すれば受け入れられるべきだということは認めており、まさにその通りになった。議会での反対者のひとりはカトリック神父の議員で、レオ一三世もそうしたであろうように、第二〇条の「すべての国家権力は人民に由来する」という表現に異議を唱えた。）

第二次世界大戦後にカトリックが公に広めた尊厳のとらえ方は、本質的に平等主義的で、人権思想にも好意的であった。しかし、それはけっして、カント的な道徳性の見方への支持を表明するものではなかった。そのことは、人間の尊厳を有しているのは誰か、という基本的な問いに対する答えのなかに、何よりもはっきりと現れている。すでに見たように、カントは、「人間性はそれ自体が尊厳である」(*Ak.* 6: 462)ということに同意している。しかし、カントにとって、「人格の内にある人間性」の不可侵性は、まさに私たちの道徳的な主体性のなかに、つまり「神聖なる」道徳法が私たちの内に存在しているところにある(*Ak.* 5: 87)。そのように考えて、私たち自身が目的であるということを、コースガードが言うところの「目的を定めて(何ものかに善きものという地位を与えることでそれを目的として)、それを合理的な手段で追求する力」に結びつけてしまうと、人格性の境界線をかなり狭くとることになると思われる。つまり、合理的な主体性を積極的に行使できる者だけに対象が限られてしまうのである。これにはカトリック教会が猛烈に反対した。よく知られているように、教会は人間の尊厳は「受胎の瞬間から」十全に存在していると主張している。この立場を守るにあたって、カトリック教会は、人格性の境界線をより狭く設定することは、価値の起源を人間の意志に見いだそうとする有害な現代的思潮の産物であると主張してきた。

一九九〇年代に発表された非常に重要なふたつの回勅、すなわち『真理の輝き(ヴェリタースティス・スプレンドール)』(一九九三年)と『いのちの福音(エヴァンゲリウム・ヴィータエ)』(一九九五年)において、ヨハネ・パウロ二世は、自らが現代の世俗的な道徳思想のなかに蔓延しているとみなした主意主義に反論を加えている。(当時、ドイツ人のヨーゼフ・ラッツィンガー——ヨハネ・パウロ二世の後継者として後にベネディクト一六世となる——は、教皇の信仰と教義に関する教皇の上級補佐官すなわち教理省長官であり、彼がこのふたつの回勅に大きな影響を与えていたと考えるのには十分な理由がある。)『真理の輝き』は、カトリックの道徳観の一般的な説明を含む、長く複雑な文書である。その前向きな教義は十分に明確であり、次のように述べられているのも驚くべきことではない——道徳はその起源からして神聖で不変のものであり、それは自然法において具現化されている。そしてこの自然法に対して、人間の理性は、良心という形式において、そしてより完璧な形式においては教会と聖書の啓示を通じて、接近することができる、と。しかし、それよりも興味深いのは、現代の道徳的状況についてヨハネ・パウロ二世が下した診断である。ヨハネ・パウロ二世によれば、今は、カトリックの道徳的な教えが闘うべき種々の主張がお互いに競合している状況なのだという。

道徳思想の現代的な潮流に対する『真理の輝き』のかかわりの中心には、カトリック的な人間の自由の理解がある。ヨハネ・パウロ二世はこう記している。「現代の道徳的な考察において非常にひんぱんに論じられ、様々な形で解決されている人間に関する問題は、そのあり方は様々だが、すべてが決定的な問題、すなわち人間の自由と密接に関係している」(31)。ヨハネ・パウロ二世は、まず、人間の自由の肯定が現代社会の基本的特徴であることを認める。そして、「現代の人びとは自由を特に強く意識している」(31)と書く(まったく議論の余地がないことだ)。いかにも、彼はこのことを次のように是認する。「人格の尊厳、彼や彼女の唯一性、そして良心の旅路に当然払われるべき敬意というこの高められた感覚は、確かに、現代文化が達成した好ましいことのひとつである」(32)。しかし(このような場合、いつも「しかし」が続くのではないだろうか)、現代において自由が強調されることには危険が伴うと、ヨハネ・パウロ二世は警告する。「この認識は真正なものであり、多かれ少なかれ適切なやり方で表現されてきた。しかし、その方法のいくつかは、被造物であり神の似姿でもある人間に関する真理から逸脱するものであるから、信仰の光のもとで是正され、純化される必要がある。現代の思想の特定の流れは、自由を賛美することで、それを絶対的なものとし、諸価値の源泉になるほどに高めるところまできている。これは、超越の感覚を失った学説、あるいは明らかに無神論的な学説が目指している方向である」(31、32)。人間の自由は「絶対的なもの」であり、同時に「諸価値の源泉」でもあるとみなすことは、道徳性を真実から切り離し、相対主義に向かう道を突き進んでいくことである。やや不透明な「ローマ教皇流の話し方」で表現されているが、ここでヨハネ・パウロ二世がカント主義を批判の対象にしていることは、かなり明白だろう。

その二年後、ヨハネ・パウロ二世は、道徳性の本質に関するこれらの一般的考察の補足として、鋭い言葉づかいで、セクシュアリティや生命倫理の問題に関する教会の教えを説いた。その議論の中心部において、彼は、人権の民主的な肯定と、人工妊娠中絶が合法化されている現代の西洋社会に広がった「死の文化」との間に横たわる根本的な矛盾だと彼が考えるものを、明らかにしている。

> かつて、「人権」――すべての人に固有であり、どのような憲法や国内法にも先立つところの権利――の観念の発見をもたらした過程は、今日、驚くべき矛盾に直面している。個人の不可侵の権利が荘厳に宣言され、生命の価値が公式に是認されている、まさにその時

代にあって、存在がより重要な意味を持つ誕生の瞬間と死の瞬間において、まさに生きる権利そのものが否定され、踏みにじられているのである。一方では、人権をめぐる様々な宣言と、それらの宣言が鼓舞する多くのイニシアチブがあり、このことは人種、国籍、宗教、政治的意見、社会階級にかかわらず、個々人が人間として有する価値と尊厳により敏感であるような道徳的な感受性がグローバルな規模で育ってきていることを示している。他方では不幸なことに、これらの気高い宣言は実践においては悲劇的に拒絶され、否定されている。この否認はますます悲惨になり、より恥ずべき事態になってきている。というのも、まさに人権の肯定と擁護を第一の目標とし、それを誇りとしている社会において、そのようなことが起きているからである。原理の肯定が繰り返されることと、人間の生命に対する攻撃が増大し続け、それを正当化する動きが広がっていることを、どうやって調和させたらいいのだろう。弱き者、貧しき者、老いたる者、あるいは胎内に宿ったばかりの者を受け入れようとしないことと、これらの宣言を、どうやって調和させたらいいのだろう。こうした攻撃は、生命への敬意に直接に反するものであり、人権の文化全体に対する直接の脅威を意味する。(18)

二〇世紀後半のカトリック教会が、普遍的人権の言語を用いてその倫理的見解を示しているのは、特筆すべきことである――これは前世紀にはまったく考えられなかったことである。今の教会が反対しているのは、「人権の文化」が意味するように社会的ヒエラルキーと神聖な権威が否定されることではなく、人権の適用が一貫していないこと、つまり「胎内に宿ったばかりの者」がそこから排除されていることである。

回勅の次の節において、ヨハネ・パウロ二世は「この顕著な矛盾の根源」の探究を自らの目標にしている。『真理の輝き』に照らすと、価値の本質の主意主義的かつ主観主義的なとらえ方から問題が生じていると彼がみているのも、驚くべきことではない。

私たちは、文化と道徳の本質を全面的に評価することによって、「この矛盾の根源を」見いだすことができる。それは、主観性の概念を極端に延長し、ねじ曲げさえする精神性、そして完全な自律を、または少なくとも初期的な自律を享受する者、そして他者への全面的な依存状態から脱した者だけを権利の主体として認めるような精神性への評価から始まる。しかし、このようなアプローチと、「用いられるべきではない」存在としての人間を称揚する立場を、どのように調和させたらいいのだろう。人権の理論はまさに、動物やものとは異なり、人間は他者の支配に服従することがあってはならないという主張にもとづいている。私たちはまた、個人の尊厳を、言葉による明快な、または少なくとも知覚はできるようなコミュニケーションの能力と同一視しがちな精神性についても、言及しておかなければならない。このような前提によるとき、生まれていない子どもや死につつある人のように、社会構造のなかの弱い要素である人びと、あるいは、完全に他者の意のままになり、他者にすっかり依存しているように見える状態で、深い愛情の共有という沈黙の言語を通じてのみコミュニケーションができるような人びとは、この世界には居場所がなくなることは明らかである。この場合、人と人の関係や社会生活における選択と行動の基準になるのは、力である。しかしそれは、「理性の力」が「力の論理」に取って代わる共同体としての法治国家が、歴史的に是認しようと意図したものとは、正反対のものである。(19)

まとめると、カトリック教会は、現代世界において人間の自由に与えられた中心的な位置については、また、「尊厳」を体現する人間は普遍的で不可譲の権利をも有しているという考え方については同意するけれども、権利を保有するには自律が不可欠であるとか、道徳的価値は人間の選択や意志の力による何かしらの産物であるとみなすべきだといった見方(これを教会は、自由の現代的な理解と結びつけている)については、否定していることになる。現代のカトリック思想とカント哲学の間には、明らかに根本的な不一致が残っている。コースガードやオニールのような解説者が提示するカントの「主意主義的な」説明(と私が呼ぶもの)においては、価値の究極的な源泉は、合理的に目的を定めてそれに同意することができる人間の能力であり、その能力を体現して実行する限りにおいて、その価値の卓越した担い手は人間自身だということになる。はっきり言って、ヨハネ・パウロ二世はこれらの考え方を完全に否定している。

それと同時に、重要なことに、ヨハネ・パウロ二世自身は、これらのふたつの回勅の両方においてカントを強く想起させるような言葉を用いている。そういうわけで、先ほど引用した『いのちの福音』の一説において、ヨハネ・パウロ二世は、「『用いられるべきではない』存在」としての人間、あるいは「他者の支配に服従することがあってはならない」人間について語っているのである。『真理の輝き』には、さらに明確にカントと意見を同じくする一節がある。

人間の尊厳――すなわち、それ自体のために肯定されなければならない尊厳――に照らしてこそ、理性は、人間が自然にそちらへ傾いていくような一定の善が有する特定の道徳的価値を理解するのである。人間は、自ら設計していく自由に還元されうるものではなく、霊的および身体的な特定の構造を伴うものである。したがって、けっして単なる手段としてではなく目的として人格を敬い、愛するべしという根源的な道徳的要請は、その性質からして、一定の基本的な善に敬意を払うことをも意味する。そうでなければ、私たちは相対主義と恣意性に陥ってしまうだろう。(48)(強調は筆者)

この一節を(これもいくぶん遠回しなものだが)、カントの「主意主義的な」解釈に照らし合わせながら読んでみると、興味深い。この見方では、人間の尊厳は実際に、「自ら設計していく」自由――目的を定め、それを合理的な手段で追求していく力――を有することと同一視される。しかし、そのような自由は恣意的なものではなく、各人の自由はすべての他者の自由と共存しなければならないという事実によって、制約されることになる。その一方、ヨハネ・パウロ二世は、他の個人の意志によるもの以外にも、人間の意志に対する制約が存在していることを肯定している。「霊的および身体的な特定の構造」が一定の基本的な善を目的として定めるのであり、それは理性的に承認されなければならない。このように、カトリック教会は人間性の定式を独自に解釈していると読むことができる。それはすなわち、神が定めた自然の秩序における地位に一致するようなやり方で人間を扱え、ということである。

五　ドイツ連邦共和国基本法を解釈する

お互いの哲学的な土台については合意しないままであっても、異なる意見をもつ人びとが共通の法的、道徳的、政治的な考え方を受け入れることは可能であることが、(とりわけ連邦共和国の創始者たちによって)しばしば指摘されてきた。これは十分に正しいことだけれども、それらの考え方を実際に応用しようとすると、事態はずっと不確かなものになる。応用にあたって解釈者たちは、ある考え方の要点が何なのかについて多少の観念を有している必要がある。それを見つけようとするとき、その背後にある原理の他に、いったいどこを探せばいいというのだろうか。

尊厳の場合、問題はとりわけ深刻になる。カント主義者もカトリック教会も、人間には「尊厳」――すなわち、「絶対的」で「不可侵」でさえあるような、人間に固有の内的な価値の核心であるようなもの――があることについては、確かに同意している。しかし、そこから先、私たちはどこに行けばよいのだろうか。アクィナスとカントの双方がそれぞれ異なる方法で主張しているように、尊厳は何かがそれ自身のうちに有している価値であるとすれば、その価値を体現するものに対して私たちはどのように振る舞えばいいのだろうか。そこからどのような権利が生じるのだろうか。そして、誰かの尊厳を奪うというのは、何を意味するのだろうか。尊厳が私から誰かに譲渡可能なものであるなら、それがどのように奪われるのか説明することもできるだろう。しかし、私の尊厳が人間としての私にとって必須のものであるならば、誰が何をしようと、おそらくそれは私のなかにとどまっていることだろう。私たちが不可譲の権利を「奪われて」いる人びとについて話をするとき、私たちが考えるのは、そうした権利がなぜかしら消失したということではなく、人びとがそうした権利を行使する機会を否定されていることだというのは、明らかである。それでは、譲り渡すことのできない尊厳を「行使する」(あるいは行使することを妨げられる)というのは、いったい何を意味するのだろうか。

ところが、こうした潜在的な困難にもかかわらず、これまでドイツの法廷では、尊厳の解釈をめぐってあからさまな対立が起きることは、想定されたよりもずっと少なかった。その理由が、私には重要だと思える。

カント主義とカトリック教会の倫理思想が対立しているいくつかの中心的問題について、連邦憲法裁判所は、明らかにカトリック的な(少なくとも宗教に好意的な)流れに沿って尊厳を解釈してきた。それが最も明らかになるのは、尊厳の境界線――その担い手は誰なのか――を考えるときである。一九七五年、ドイツの憲法裁判所は、(特定の状況下において)中絶を合法化する法案を、ドイツ連邦共和国基本法の第一条第一項(尊厳条項)と第二条第二項(生存権)に違反するものとして棄却した。その判決は、人間の尊厳を根拠に、胎児が保護される権利を明瞭な言葉で肯定するものだった。

母胎で生育している生命は、独立した法的実体として憲法(基本法第二条第二項一節および第一条第一項)の保護のもとにある。国家による保護義務は、生育している生命に対する国家の直接的な干渉を禁止するだけでなく、その保護と促進を国家に求めるものである。生育している生命を保護するという国家の義務は、生命の母体との関係においても存在する。(BVerfGE 39, 1)

一九九三年、ドイツの裁判所は、旧東ドイツの諸州との間で共通する法的枠組みを見いださなければならなくなったときに、中絶の問題を再検討した(ドイツ民主共和国の中絶法はより寛容なものだった)。その判決において、法廷は再び、同じくらい強い言葉でこれまでの姿勢を肯定している。

人間の尊厳は、すでに生まれているもしくは発達した人格をもつ人間の生命のみならず、まだ生まれていない人間の生命の属性でもある……。妊娠の間、胎児はひとつの個体であり、遺伝的なアイデンティティも確立しているのだから、唯一のかけがえのないものである。それは不可分の生命であり、成長と分節の過程で人間になるのではなく、人間として育っている。出生前の生命のそれぞれの段階は、生物学的、哲学的、神学的に様々に解釈されるであろうが、それは個別の人間の生育に欠かせない段階にかかわる問題である。人間の生命が存在するところに、人間の尊厳が属している。(BVerfGE 88, 203)

あらゆる発育段階にある胎児に人間の尊厳を拡張させようとする法廷の厳格な姿勢は、ドイツの世論からは大きくかけ離れている。二〇〇五年の世論調査では、ドイツ国民の六四パーセントが、「女性が子どもを望まないならば、彼女は中絶できなければならない」という主張に同意している(ちなみに、イギリスでは六六パーセントで、ヨーロッパ諸国の平均は六二パーセントである)。その結果、注目に値する妥協が成立した(さらに驚くべきことに、ほとんど異議をはさまずに、ドイツ国民はこれを受け入れたようである）。裁判所は、中絶が違法であることを再確認する一方で、それにもかかわらず、定められた状況のもとでは（一般的に最初の一二週間以内であり、かつ妊娠した女性が個別カウンセリングを受けた後であれば）、中絶を罰するべきではないとしている。別の言い方をすると、裁判所は、胎児が有する不可侵の人間の尊厳から生じる（とされる）生きる権利を国家が保護しないことを承認すると同時に、国家による憲法上の主要な義務の放棄だとみなしうる行為もそこまでだ、という法的限界を定める権限を、自らの手元に残したわけである。ショーペンハウアーは、間違いなく笑っているだろう！

六　ダシュナー事件と航空安全法

少なくともいくつかの状況においては、単純に最善をもたらす行動をとることが、正しい行いだというわけではない。そのような道徳理論に対して哲学者が貼りつけるラベルが、「義務論的」という言葉である。人間は他の要請よりも優先されるべき特別な種類の「不可侵の」価値をもつとみなす尊厳の考え方は、明らかに義務論的なものであり、この点についてはカント主義とカトリック倫理の双方が強く同意している。両者ともに、尊厳の侵害の帰結として善きもの(の総量の増加)がもたらされることがあるにせよ、そこには特定の禁止されるべきことがあると信じている。しかし、義務論にとっての大きな困難は、義務論的な要請どうしが(一見したところ)対立しているときに、どうすればよいかである。尊厳の解釈にかかわるドイツ法におけるふたつの事例は、これらの問題がどれほど深刻なものであるかを示している。

ひとつは、二〇〇五年にフランクフルトの地方裁判所で争われた、いわゆる「ダシュナー裁判」である。当時、フランクフルト警察の副署長だったヴォルフガング・ダシュナーは、非常に裕福な地元の名家の一一歳の息子、ヤコブ・フォン・メッツラーの誘拐および(後にわかったことだが)殺害の捜査を担当していた。誘拐犯とされたマグヌス・ゲフゲンは、身代金の受け取りにきたところを見つかって逮捕されたが、自分の罪を認めず、子どもの隠し場所を明かそうともしなかった。ゲフゲンが単独行動をしていると(正しくも)確信した警察は、食べ物も飲み物もない状態のヤコブを発見することが一刻を争うと考えた(実際には、その子はそのときすでに亡くなっていた)。そこでダシュナーはゲフゲンに、子どもの居場所を明かさなければ(身体を傷つけるものではないが)非常に激しい苦痛を受けることになるだろうと脅した。この脅しに屈して、誘拐犯はすみやかに隠れ家を自白したのだが——悲しいかな、すでに遅かった。

法廷は、洞察と人間性に富む判決を下し、ダシュナーを非難して罰金刑を科した（しかし投獄はしなかった）。法廷は、彼の行動の背後にあった立派な動機と、彼にのしかかっていた尋常ならざる圧力の双方を認めた。にもかかわらず、ダシュナーが行ったことは、判決によれば単なる刑法違反ではなく、ゲフゲンに対して拷問をほのめかして脅しただけであっても、ドイツ連邦共和国基本法の尊厳条項に違反するのであった。法廷は、誘拐の容疑者の尊厳と、誘拐された子どもの尊厳の重さを天秤にかけることができるという考え方を、明確に否定した。また、警察には、生死にかかわる危険が迫る第三者の命を救うために殺傷能力のある武器を使用する権限が与えられているのだが、これとの類推も受け入れなかった。

同じような問題が、二〇〇五年に憲法裁判所に持ち込まれ、二〇〇六年二月に判決が下された事例でも提起された。この裁判は、二〇〇一年九月の同時多発テロ事件を受けて成立した法律、いわゆる航空安全法に関するものである。この法律は、ハイジャックされた航空機がさらなる死傷者を出すための武器として使用されると信じられる十分な理由がある場合、空軍が航空機を撃墜することを許可する権限を、国家に与えるものであった。しかし、憲法裁判所は、この法律は憲法に違反し、とりわけ乗客と乗務員の尊厳を侵害するものであるとして拒絶した。

ハイジャックされた航空機を撃墜することは、乗客や乗務員の「主体としての性質」を否定するように扱うことであるから、憲法第一条第一項に反するとされたのである。

いかなる方法によっても自分たちでは制御不可能な状況のもとで、航空機の乗務員と乗客は、この国家の行動から逃れることができない。それに直面したかれらは無力かつ無防備であり、航空機とともに標的となって撃墜され、ほぼ確実に殺害されることになる。このような扱いは、尊厳と不可侵の権利を与えられた主体としての当事者の地位を無視している。かれらを殺害することが他者を救う手段として用いられることによって、かれらはものとして扱われ、同時に自分たちの権利を奪われるのである。犠牲者としてかれら自身が保護を必要としている航空機の搭乗者たちは、国家によって一方的に生命を処分されることにより、一人ひとりの人間にそなわっている価値を否定されることになる。(BVerfGE 115, 118)

これらのふたつの判決は、ドイツの法廷の見解として、他の緊急の要請が存在するときであっても、尊厳は特定の行動を排除するものであるということを、明確に示している。だが、これらの判決が提起する問題は、道徳的にも概念的にも複雑である。子どもの生命が(合理的に考えて)危機にさらされているときに、誘拐犯の尊厳を理由として、この誘拐犯を拷問すると脅すことが許容されなくなるのは、なぜだろうか。殺人者たちの計画が成功し、航空機の標的となっている地上の人びとが生命を失うという代償を払ってまで、(いずれにしても間もなく死ぬであろう)乗客の生命を守ろうとするのは、なぜだろうか。

七　一貫した解釈はあるか

これらの対立を和解させようとするドイツの裁判所の仕事を理解するにあたって、私は四つの方法がありうると考える。しかし、その四つのすべてが、深刻な問題に直面することになる。

一、尊厳はつりあいがとれる

義務論の要点は、ある種の価値から生まれる要請は、それに劣る価値から生まれる要請よりも常に優先されなければならないところにある。しかし、同じような種類の要請が競合したら、いったいどうなるだろう。私たちは、その重さを比較してみるべきではないだろうか。それでも尊厳は「不可侵」だと言われるかもしれない。なぜなら、尊厳が比べられるべきは尊厳それ自体であって、尊厳を他の種類の要請と比較することはできないからである。ともあれ、尊厳がつりあいがとれるというのは、明らかに最もありそうにない解釈である。というのも、裁判所は繰り返し(そして断固として)、尊厳の種々の要請が天秤にかけられたら互いにつりあうかもしれないということを、否定してきたからである。さらに、もし尊厳の種々の要請が実際に互いの重みではかられていたとしたら、誘拐の被害者の要請が誘拐犯の要請よりも重くならなかったのはなぜか、そして、自爆犯がもたらす他の多くの潜在的な犠牲者の要請が、いずれにしても死にゆく運命の乗客や乗務員の要請よりも重くならなかったのはなぜか、理解に苦しむ。

その一方、強制的な暴力の行使が許されるような状況が存在しないとしたら、警察権力は機能しないだろうし、それはドイツも例外ではない。しかし、警察官が私を暴力的に地面に押し倒すならば、かれは私の身体の自律を侵害しており、そうやって私の尊厳を侵害していることになる(少なくとも、そう考えるのが妥当であるように見える)。だが、警察官にとって、ライフルを持った殺し屋の銃撃から私を逃がす唯一の方法が、私を地面に押し倒すことだとしたら、かれにはそれすら許されないということだろうか。そしてこの事例は、誰か別の人間を救うために私を地面に押し倒すことと、本質的に同じなのではないだろうか。こうすると、競合する尊厳の要請（身体の自律と救命の必要性）を天秤にかけているように見えるが、ダシュナー事件や航空安全法についても同じことが言えるのかもしれない。少なくともそこでは、拷問されたくないという誘拐犯の尊厳の要請が、犠牲者の生命と安全を求める尊厳の要請よりも重んじられているかのようである。同じように、ハイジャックされた乗客の尊厳の要請は、さらに多くの潜在的犠牲者の尊厳の要請よりも重んじられているのかもしれない。

これらの事例において尊厳が本当につりあっていないのなら（そして法廷は一貫してつりあいは問題にならないと主張している）、私たちには別の説明が必要になる。

二、尊厳それ自体はつりあうことがないが、尊厳から派生する権利はつりあう

ドイツ連邦共和国基本法は、権利を基礎づけるものとして尊厳に言及している（第一条第二項は、ドイツ国民がそれゆえに認める「侵すことのできない、かつ譲り渡すことのできない人権」に言及している）。しかし、そうした権利の「不可侵性（*Unverletzlichkeit*）」は、おそらく、尊厳の「不可侵性（*Unantastbarkeit*）」と同じではない。そしてまた、前者はつりあいがとれて、後者はそうでないのかもしれない。

これは明らかに、ドイツの法律家の多くが最も魅力的だと感じている解釈であり、人間に価

値を与える内的な核心としての尊厳の理解にもぴったり当てはまる。尊厳が本当にそのような超越論的な核心であるならば、尊厳の不可侵性という考え方は、まさに定義からして真実となる。その意味では、そもそも尊厳をどのように侵害できるのかも、わからなくなる。私たちが人びとをどんなにひどく扱おうと、かれらは内在的な価値を保持したままなのである。私たちにできるのは、かれらの尊厳が要求するようなやり方で、かれらを扱わないことだけである。

だが、ドイツの裁判所が尊厳を単なる権利の源泉としては見ていないことは明らかである。憲法裁判所は一般に、尊厳の侵害それ自体を、尊厳から派生する特定の権利の侵害を超えたところにある別個の危害としてとらえている。したがって、中絶に関する諸判決では、中絶行為は胎児の生きる権利とその尊厳の両方を侵害するものだとされ、航空安全法の事例でも、ハイジャックされた航空機の撃墜に対して法廷が唱えた異議は、単に撃墜行為が乗客と乗務員の生きる権利を侵害するというだけでなく、それがかれらの尊厳をも侵害するということだったわけである。しかし、尊厳を基礎とする諸権利に沿って、あるいはその一部として、独立した尊厳の要素があるとすれば、再びつりあいの問題が生じる。誘拐や殺人から救われるというヤコブ・フォン・メッツラーの尊厳の要請が、なぜ、彼の誘拐犯であるゲフゲンの拷問されない（さらには拷問の脅しを受けない）という尊厳の要請に先を譲らねばならないのだろうか。

ここで考えるべきは、法廷が何と言おうと、ここでは尊厳の要請が比較され、互いの優劣がつけられているということである。しかし、もしかすると、誘拐されず殺害されない権利が(なにかしら起こりうる不思議な方法で)尊厳から生じる権利である一方で、誘拐や殺人は拷問とは異なり、それ自体は尊厳の侵害ではないと議論する者もいるかもしれない。したがって、ゲフゲンに対する拷問の脅しを拒絶することは、ある尊厳の要請が別の尊厳の要請に優先された事例ではなく、むしろ、尊厳の要請が、尊厳から生じた権利を無効にするために用いられた事例だということになる。

　それが実にもっともな議論だとお考えなら、ひとつばかげた事例で反論させていただきたい。フランツ・ヨーゼフ・シュトラウスが敵(実際、多くいた)に誘拐されて、人質にとられたと想像してみよう。そして、この誘拐犯が人質を解放する条件として、シュトラウスが侮辱されること――たとえば、風刺画で彼を交尾中の豚として描くこと――を要求したと想像してみよう。さて、すでに見てきたように、裁判所によれば、このような風刺画の出版は尊厳を直接的に侵害するものである。先ほど議論したとおり、誘拐や人質をとることそれ自体は尊厳の侵害ではなく、尊厳から派生した権利の侵害であるとするならば、そして、直接的な尊厳の要請は尊厳から派生する権利よりも常に優位にあるとするならば、風刺画を出版してフランツ・ヨーゼフ・シュトラウスを救うことは、許されないだろう――これがばかげていることについては、読者も同意してくれるだろう(と期待する)。

それでは、第三の可能性に移ろう。

三、意図的な行動の直接的な結果としての尊厳の侵害は、とりわけ厳重に禁止される

義務論が禁止するもの――一般的な善を促進しうる諸方法に対する道徳的な制約となるもの――を理解するひとつのやり方は、ある行動によって影響を受ける誰か(あるいは何か)が、質では劣るけれども量において優る理由づけを無効にするような価値(ある権利か、もしかすると尊厳そのもの)を有している、と考えてみることである。しかし、義務論に対する別の見方として、その行為者自身の立場から見るというものがある。ロバート・ノージックの言葉を借りれば、権利とは横からの制約であり、それは行為者ができることに制限を設けるものである。

そして、この見方では、あなたが人の命を救えるならそうしてもよいが(実際、そうすべきである)、そのために拷問をしてはならないことになる。この見方は、明らかに、人間の行動を理解する際に求められる重大な複雑さと関係している。乱暴に言ってしまえば、命を救うことを目的とした(しかし拷問を伴う)一連の行動と、誰かを拷問から守ることを伴う(しかし命

を犠牲とする）一連の行動とを区別しなければならないわけである。この事例については自明であるように見えるかもしれないが、さらに多くの関連する区別（いくつか挙げれば、行うことと許可することとの間、意図することと予想することとの間、何かを目的とするか手段とするかの間、ある目的のための手段とその望ましくない副次的効果の間の区別）を考えるとき、私たちはすぐさま、極度に複雑な諸問題に直面することになる。

行動の帰結とは別に、行動に内在する性質に対する関心は、カント主義とカトリック倫理の双方にとっての基本的テーマであり、それはドイツの裁判所においても確かに重要な役割を果たしてきた。しかし、倫理の文脈と法律の文脈には大きな違いがある。カント主義とカトリック思想において、行動に内在する性質に対する関心を動機づけているのは、たとえ目的はよいものであったとしても、特定の手段によって、個々の行為主体――最終的には創造主である神に対して進んで自分の行動の責任を負うべき主体――の高潔さが損なわれてしまうという考え方である。しかし、尊厳にかかわる法体系においては、個々の行為主体ができることよりも、国家とその代理人の行動に対する制約の方に焦点が当てられている。こうして、明らかに問題はさらに複雑になっていく。個人の行動においても、個人の行動の意図された目的とその手段の間に境界線を引くのは難しいことがある。だとすると、国家が行為主体である場合、もっと大変なことになるのではないか。

もちろん、歴史に照らして考えるならば、国家の行動に制限を設けることは理解できるし、適切でもある。ナチス体制による残虐行為は、すべての私的な利益を国家の集合的な目的に明示的に従わせる法的枠組みのもとで起こった。その結果、目的がナチズムほど怪物的ではない場合であっても、国家の目的と市民の目的のつりあいをとる裁量権を国家に与えることの危険性に対して、ドイツは極度に敏感になったわけである。この視点からすると、国家の圧倒的な権力は、その行使が絶対的な制限と禁止によって抑圧されている場合にのみ、安全に制御することができる。こうして国家は、ヤコブ・フォン・メッツラーのような犠牲者の尊厳が第三者によって攻撃されている際には、彼の尊厳を可能な限り守る一般的な義務を有するけれども、その誘拐犯を拷問にかける直接的な行動をとると脅すことまでが絶対的に禁止されてしまう。この裁判の判事が記したように、「最初の一歩に注意せよ!」ということである。

国家が積極的かつ意図的に行うであろうことと、その結果として起きてしまうであろうことの非対称性は重要であるが、それがすべての事例に当てはまるわけではないように思われる。国家は、第三者の尊厳と権利を守るために、直接的に尊厳を侵害することもある(ように見える)。今にも他者の生命を脅かそうとしている人物に対して殺傷兵器を使用することによって、警察は、誰かの人命を奪うことで第三者を救うという直接的な手段をとることになるかもしれない。ところが、これはドイツの法律で認められているのである。さらに憲法裁判所は、乗客と乗務員の尊厳を侵害するという理由で航空安全法は違憲であると判断したにもかかわらず、わざわざその判決のなかで、テロリストが奪った航空機に乗員も乗客も乗っていないのであれば、空軍がそれを撃墜することは実際のところ許されると述べたのであった。

ここから、第四の解釈が示唆される。

四、犯罪行為の結果、尊厳が剝奪されることがある

犯罪的な振る舞いによって、少なくとも一時的に、特定の権利が剝奪されることがあるという考え方は、私が知るすべての法制度に組み込まれている。法の執行者は、罪を犯したと思われる者に対して、他の状況では認められないような方法で振る舞うことが許されているし、有罪になった犯罪者は、そうでなければ不可欠だと思われる権利を奪われる。だが、「有罪」の者と「無罪」の者では尊厳の度合いが異なるという考え方は、尊厳はすべての人間に固有の譲り渡すことのできない特徴であるという考え方と、真っ向から対立する。したがって、警察官から銃を向けられた犯罪者や仮定上のハイジャック犯が失うのは、まさに尊厳から生じる生き

る権利だということになるだろう。この場合、交尾中の豚として描かれない権利は失わないのに、生きる権利を失ってしまう、という状況に私たちは引き戻される。

まとめると、ドイツの裁判所は尊厳を、一貫して、妥協することも他とつりあうこともない人間の価値の内的な核心であると解釈してきた、という主張を支持するのは難しいように思う。

＊

前の章では、尊厳の概念を構成する四つの要素を明らかにした。第一は、序列や地位としての尊厳——そして、まさに人間が人間であることに相応しい地位や序列としての尊厳——であった。第二は、内在的な価値としての尊厳であった。それはカントによれば、人間が（厳密に言えば、その内なる道徳法が）有するものである。第三は、落ち着いた冷静な振る舞いとしての尊厳であった。第四に、人びとは尊厳をもって——すなわち敬意を込めて——扱われるべきだという考え方があった。これと関連して、尊厳をその要請を満たすことによって敬うこと（「遵守としての敬い」）と、尊厳をその体現者に対する敬意を示すことで敬うこと（「敬意の表現としての敬い」）の間に決定的な相違があることを、私たちは銘記すべきである。ドイツの裁判所の仕事は、これらの尊厳の要素を区別しないとき、いかに重大な帰結がもたらされるかを示している。

公式には、ドイツ連邦共和国基本法において尊厳の行使を動機づける基本的な考え方は、第二の要素――内在的な価値としての尊厳――である。このように理解された尊厳は不可侵であり、義務論的な要請の源泉でもあると主張される。中絶に関する判決は、ドイツの裁判所が、最も基本的だと考えられる人権――生きる権利――の基礎としてこの第二の要素に訴えていることを示している。尊厳の考え方は胎児の生きる権利の要請を支えるものだと想定されており、その権利を遵守することで胎児の尊厳を敬うことができるとされる。人間の尊厳と生きる権利のつながりを説明する議論はまったく示されていないが、この場合は必要ではないのかもしれない。人間には生きる権利があるということを、そしてその権利は、それが何であるにせよ、人間に内在的な価値を与えるものから派生しているということを、結局のところ、誰が否定するというのだろうか。

だが、ドイツの裁判所は、しばしば、尊厳の侵害には何らかのやり方で品位を傷つけたり、貶めたりする扱いが含まれる(たとえばフランツ・ヨーゼフ・シュトラウスを交尾中の豚として描いた風刺画のように)という想定にもとづいて裁判を進めてきた。憲法裁判所は、一九七〇年のいわゆる盗聴判決において、この方針を原則として明確化している。

人間はしばしば客体となる——状況の客体になり、社会の発展の客体になるというだけでなく、自らの利益にかかわらずそれに従わねばならない限りにおいて、法律の客体ともなる。これではまだ、人間の尊厳の侵害としては十分ではない。尊厳の侵害はまた、主体としての性質が根本的に問われるような扱いを受けているような場合、あるいは人間の尊厳が恣意的に侮蔑されるような扱いを受けているような場合でなければならない。したがって、法を執行する公権力による人間の扱いが人間の尊厳を冒瀆するものであるとしたら、それは、人間が人間であるがゆえの価値に対する侮蔑を表現するものでなければならない。その意味で、それは「敬意に欠ける扱い」でなければならない。（BVerfGE 30, 1）

一般的な権利の要請の基礎となる内在的な価値の中心としての人間の尊厳という考え方（尊厳の意味の第二の要素）から、相手を貶め、敬意を欠く特定の種類の扱いを禁止するものとしての尊厳の概念（尊厳の第四の要素）へと歩みを進めると、確かにある意味で、ものごとはわかりやすくなる。人間の価値の核心としての尊厳を有することでどのような権利が生まれるかを判断するよりも、相手を貶め、敬意を欠く扱いが何であるかを確定する方が容易であるように見える。にもかかわらず、このような尊厳の意味の移し替えに大きな問題があることは明らかである。尊厳は、司法審査によって基本的人権を保護すべしという基本法の主張の根底にある価値であることが表明されている。ところが、この原理に従うならば、尊厳の侵害には敬意を欠く表現が伴うはずだという考え方によって、その適用範囲が制限されるのである。これらふたつの尊厳の意味を両立させるには、どうしたらいいのだろう。盗聴判決を下した連邦憲法裁判所のふたりの裁判官(フォン・シュラーブレンドルフ判事とラップ判事)は、反対意見のなかで、私がここで主張しているのと同じことを述べている。憲法の尊厳条項の解釈を「侮蔑的な扱い」——人格性によって生まれる人間の価値に対する侮蔑を表現する行為——だけに制限してはならない、と彼らは書いているのである。そうなると、基本法における尊厳規定の効力は、「拷問、さらし台、および第三帝国の手法の再導入を禁止するだけのことになるであろう。このような制限は、基本法の考え方と精神を正しく評価するものではない」(BVerfGE 30, 1)。

もちろん、だからといって敬意の表現としての尊厳が重要でないということにはならない。しかし、国家による侵害から裁判所に守ってもらうべきすべての基本的人権が、必ずこの種の敬意の欠如に関係していると考えることは、確かに妥当ではあるまい。盗聴裁判それ自体が、そのような危険性を示している。裁判所は、尊厳の侵害とは人格性の価値に対する侮蔑を表現することであると主張したが、その主張は、国家が郵便や電話のやりとりを傍受したり監視したりすることを許す法律は、人間の尊厳を侵害するかどうかに関する再審理を拒否した判決の一部であった。この事例において、裁判所は――尊厳は国家権力を制限する法の指針となる一般原理であると主張する一方で――市民の私的領域に対する国家の著しい侵入行為が尊厳に違反する可能性があるかどうかを検討してみることまで拒否する理由として、尊厳の適用範囲が制限されることを持ち出したのである。

尊厳の侵害と品位を貶める扱いの同一視は、航空安全法の判決でも示されている。乗客や乗務員は、手段として扱われているだけでなく、かれらの飛行機を撃墜することで「ものとして扱われて」いるというのである。しかし、カントの哲学において、人間は常に目的として扱われるべきであり、けっして手段のみとして扱われるべきではないという原理は、あからさまに敬意に欠ける行為だけに限定されるわけではない。カントにとっては、守るつもりのない約束をしたり、身勝手な快楽にふけったりすることも、拷問がそうであるように「人間性」を「手段のみ」として扱っていることになる。人びとを「手段のみ」として扱ってはならないことについて、英語圏のカント研究者の間では、このことを反映した解釈が支配的になっている。つまり、敬意に欠ける表現ではなく、自分たちが同意できないような扱いを受けることの方が、問題だというのである。クリスティン・コースガードが述べるように、「ある人があなたの行動の仕方に同意できるかどうかという問いが、あなたがその人を単なる手段として扱っているかどうかの判断の基準になりうる」。

これを、ハイジャックされた航空機の事例にどのように適用したらいいのだろう。乗客や乗務員は、何に同意することができるだろうか。もちろん、その状況では、かれらから同意や異議を得ることは物理的にまったく不可能であろう。しかし、もしかれらに自分たちの意思を表明する機会が与えられるとしたら、一時間ほど後に他の市民に向けられたミサイルの一部となって死ぬよりも、かれらの捕捉者たちと一緒に即座に撃墜されて死ぬことを選ぶ可能性の方が、圧倒的に高いのではないだろうか。そのような恐るべき窮地にあって、かれらが手段として扱われることは避けようがない。国家がさらなる目的のために(他の潜在的な犠牲者を守るために)かれらを手段として利用するにしても、ハイジャック犯もまた同様のことをしている――そして、かれらの目的は怪物的なものである。乗客や乗務員が、自分たちの死によって他者の生命を救うとしたら、実際には、かれらは「手段のみ」として使われることから救い出されるのではないだろうか。ユナイテッド航空九三便の乗客の英雄的行動を思い出すだけでよい。かれらはハイジャック犯から飛行機の制御を奪い返し、機体を空き地に激突させることで、その邪悪な目的が実行されることを阻止した。このことは、かれらがそうした扱いを受けることに理性的に同意したとみることができる。このような恐るべき状況に陥ったとき、罪のない人びとのグループは、同じことを望むのではないだろうか。

しかし、憲法裁判所は、航空安全法の是非を評価する基準として、乗客や乗務員の同意の可能性を考慮にすら入れなかった。そのことは部分的には、尊厳の侵害と、能動的に敬意を示さない態度を同一視した結果かもしれないが、私はそれは、尊厳の考察において同意に重きを置かないというドイツの法体系のより一般的な傾向の一部だとも考えている。

八　主意主義

二〇〇八年五月、ハーバード大学心理学教授スティーブン・ピンカーは、『ニュー・リパブリック』誌に「尊厳の愚かしさ」というけんか腰のタイトルの論説を発表した。ルース・マクリンに共鳴したピンカーは、次のようにマクリンの見解を要約している。

問題は、「尊厳」が感傷的で主観的な観念であり、それに割り当てられた重たい道徳的要求にほとんど応えられていないということである。生命倫理学者ルース・マクリンは、研究と治療を押しつぶそうとする尊厳をめぐるだらしない議論にうんざりして、二〇〇三年に「尊厳は役に立たない概念だ」という論説を書いて決闘を挑んだ。マクリンは、これまで生命倫理学は、個人の自律の原理——すべての人間が苦しみ、栄え、論理的に考え、選択できる最小限の能力を等しくそなえているのだから、どんな人間であれ、他者の生命、身体、あるいは自由を侵害する権利をもたないという考え方——と非常にうまく向き合ってきたと主張した。だからこそ、インフォームド・コンセントが倫理的な研究と実践の基盤をなしているのであり、それは、そもそも生命倫理の誕生をもたらした種類の虐待行為、たとえばナチス・ドイツのメンゲレが行ったサディスティックな似非実験や、悪名高いタスキギーでの梅毒研究において貧しい黒人患者に治療を施さなかったことなどを、明確に排除しているのである。自律の原理を認めさえすれば、そこに「尊厳」がつけ加えるものは何もない、とマクリンは主張したわけである。

要するに、尊厳は「自律」と同じものであり、自律は私たちの「生命、身体、あるいは自由」を守るのである。

カトリックの見方は明らかにこれとは鋭く異なっている。すでに見たように、『真理の輝き』は、自由を「絶対的」なものに「高めよう」とする現代的な傾向であるとローマ教皇がみなしているものに反駁している。カトリック教会にとって、どのように生きるかを自分で選ぶことができる人間の権利という意味での自律は、尊厳と同じものではなく、実のところ、尊厳に従属するひとつの価値である。したがって、カトリックの観点からすると、インフォームド・コンセントは、ピンカーが述べるような医療倫理の「基盤」にはなり得ない。なぜなら尊厳は、個人の選択を無効にする根拠としても機能しうるからである。

「尊厳死」という語句について考えるとき、ピンカーやマクリンのように尊厳と自律を同一視する人びとと、カトリックの倫理観との食い違いの深さが明らかになる。前の章で区別した尊厳の第三の要素は(ヴィンケルマンやシラーの場合について私たちが検討したように)、尊厳と、自制心を失うことなく苦痛に耐える力を結びつける。重い病は人間の自制の力を脅かす。「尊厳死」というスローガンは、そのような意味での尊厳が消えてしまう前に、人間には、自律によって、そうした状態から逃れることを選択する権利が与えられるべきだ、という要請を表現するものである。死の間際にある者が尊厳をもって扱われる資格を有すること(つまり、適切な敬意をもって扱われること——尊厳の意味の第四の要素である）については、カトリックもリベラル派も同意するだろう。しかしカトリックは、（人間の内在的な価値という意味での）人間の尊厳が人びとに生死を選択する資格を与えるという主張については否定する。カトリック教会の公教要理が明確に示しているところによれば、カトリックの見解では、人間には自らの生命を終わらせることを選択する権利は与えられていない。

すべての人間は、自分に命を授けてくださった神の前で、自分の命に対する責任を負っている。神こそが命の至高の支配者である。私たちは命を喜んで受け入れるとともに、神の名誉と私たち自身の魂の救済のために、それを保持しなければならない。私たちは神が委ねてくださった命の管理者なのであり、その所有者ではない。それを意のままにできるのは、私たちではないのだ。

これは明らかに、尊厳の異なる意味をめぐる実質的な倫理的論争であり、「尊厳」の本当の意味（あるいは意味のなさ）に訴えかけることで決着するものではない。カトリックによる言葉の使い方に反対する者はもちろんいるだろうが、そこには少なくとも自律と尊厳の等式と同じくらいに深い意味論的な系譜があるのだから、それを「ばかげている」と決めつけるのは誤りである(そして、特に利口なことでもない)。

偶然にも、カント自身が、この問題をめぐってカトリック側を厳しく非難したことがある。前の章で言及したように、カントにとっての「自律」とは、人間は自分の好きなように自分の命を処分できる主権を有しているということではなく、人間が従うべき道徳法が「自らによって与えられている」ということである。人間は自分たちの選択する力の行使を超えた何ものかの担い人であることを理解していなければならないし、かれらのこの側面はいかなる状況のもとでも尊重され、敬われなければならない。「人格性」――「人格のなかの人間性」――が、自己に対する義務の根拠となる。「人格のなかの人間性」は、人間が選択できることに制限を設ける――それらの選択が相互に一貫していて、他者の自由な選択を妨げないものであったとしても、である。現代のカントの擁護者たちの多くは(とりわけ英語圏において)、カントを「主意主義者」として描く――すなわち、かれらは、カントは(コースガードが言うように)「目的を定め……それを合理的な手段で追求する力」のなかに究極的な価値の源泉を見いだしている、と解釈するのである。そうはいっても、次の引用からもわかるように、カントにとって「人格における人間性」とは、選択の力に先行し、それよりも優位にあるものである。

人格性、あるいは私の人格のなかの人間性は、すべての概念がそこに座しているような、知性によって知りうる実体だと考えられる。それは、目に見える性質としてかれを支配しているすべての対象から、人間をかれの自由において区別するものである。……したがって人間には、その他の何ものかではけっしてなく、自分自身のみを通じて、自らの性質のもとで機能するように定められている無限の能力が宿っている。これが自由なのであり、それを通じて私たちは、自らを保存する義務を認識できるのである。(*Ak.* 27: 627–628)

カントはカトリックと同様に、人間は自らがそなえている内在的な価値の所有者ではなく、管理者であるととらえている。したがって、自殺は常に罪――自らに対する自らの義務に違反するもの――となる。

人間は確かに自分の条件を好きに処理してもよいのだが、自分の人格を好きに処理してはならない。なぜなら、人間はそれ自身が目的であって、手段ではないからである。(*Ak.* 27: 343)

他方で、現代のリベラルたちは、人間は――少なくとも理性的な成人は――どのように生きるかを自分で決定する権利を有するという原理に賛同している。それは、ジョン・スチュアート・ミルの「自由の原理」(「文明化された社会のあらゆる成員に対して、その意志に反してでも権力を行使することを正当化するような唯一の目的は、他の成員に危害が加えられるのを阻止することである」)を信じているからかもしれないし、人間は自らを所有しているというリバタリアン的な教義を信じているからかもしれない。自由の原理には、ドイツ連邦共和国基本法にみられるような尊厳の解釈がまったく欠けている。「尊厳」に対するピンカーの敵意の背景には、アメリカにおける道徳的および法的な言説に「尊厳」を持ち込もうとする宗教思想家の試みが、自由の原理を削減する試みの隠れ蓑になっている、という疑念があるように思う。そうなれば、確かに重大な変化であろう。二〇年前、アメリカの最高裁判所は、自律および自由の原理と結びつくものとしての尊厳の解釈を明確に示している。ペンシルベニア州南東部家族計画連盟対ケイシーの裁判において、最高裁は、有名なロー対ウェイド裁判が扱った中絶の問題に立ち戻り、その判決の背後にある原理をより理路整然と表明しようとした。多数派意見のなかで、裁判所は次のように述べている。

これらの事柄は、人が一生のうちに行うであろう最も親密で個人的な選択、すなわち個人の尊厳や自律の中心となる選択にかかわるものであり、憲法修正第一四条によって保護される自由の中心にある。自由の核心部にあるのは、存在、意味、宇宙、そして人間の生命の神秘について自分自身の概念を定義していく権利である。これらの事柄に関する信条が、国家の強制のもとで形成されるならば、人格性の属性を定義することはできないだろう。
(505 U. S. 833[1992])(強調は筆者)

その前にも似たような意見が表現されていた。コーエン対カリフォルニア州の裁判において、法廷は、合衆国憲法修正第一条による言論の自由の保障は、「我々の政治システムを成り立たせる個人の尊厳と選択の前提に適合するアプローチはその他にないという信念」に由来していると断言した(403 U. S. 15, 24[1971])。これと一致するやり方で、アメリカでは、ドイツの憲法裁判所がシュトラウスの風刺画の出版社に有罪判決を下したのとほぼ同じ時期に、それとよく似た裁判においてまったく異なる判決を下している。一九八八年、最高裁判所は、プロテスタント牧師ジェリー・フォルウェルの母親との近親相姦の様子を描いたポルノ雑誌『ハスラー』のパロディ広告が、それが精神的苦痛を与えることを意図したものであるにしても、修正第一条のもとに保護されるべきことを全員一致で決定した(*Hustler Magazine, Inc. v. Falwell*, 485 U. S. 46[1988])。要するに尊厳は、アメリカの法体系においては——少なくともこれまでのところ——敬意に欠ける表現の被害者が自己の本質的な核心を侵害されて苦しんでいることを示すためではなく、個人の選択にかかわる本質的な問題として、敬意に欠ける表現をする権利を守るために使われてきた、ということである。

九　結論

私たちは、モルサン＝シュル＝オルジュから、長い道のりを歩んできた。私たちは、尊厳の保護は公共の秩序の一部であり、そこには自由に選択されて私的に行われる振る舞いを国家が禁止することが含まれる、とするフランスの法律の検討から始めた。自分が好きなように振る舞うという個人の自由を無効にするために尊厳の価値を用いることは、守られようとするものがまさに「人間の尊厳を敬うこと」であるならば意味があるかもしれないが、この場合は、国家が個人に対して、威厳ある行動をする義務を課しているのであった。ドイツ連邦共和国基本法は、国家の行動を導く中心原理である本質的な価値として、カトリック思想あるいはカント哲学の尊厳概念を確立させている。しかし、ここでの問題は、私たちが検討したように、この本質的な価値がどうやって権利の根拠として機能しているのか――そして、それはどのような権利を根拠づけているのか――が、明確でないということであった。カトリック思想にとって、人間の尊厳は、生きている個人による選択を適切に無効にするかもしれない価値を人生に与えるものである。他方、とりわけアメリカのリベラルたちにとって、尊厳は、どのように生きるか(そして死ぬか)を個人が自分で選択する権利という意味での自律と同じものだとみなされている。さらに、(生きる権利のように)基本的だと思われる権利でさえ互いに対立する状況があるというのに、どうすれば尊厳は「不可侵の」ものであると主張することができるのだろうか。この原理を維持することの難しさが少なくとも理由の一部となって、ドイツの法廷は、敬意を欠く表現をすることが尊厳の侵害であるという、尊厳の限定的な解釈へと向かった。こうして、人びとを常に手段のみとしてではなく目的として扱わなければならないというカント的な考え方は、人間が同意できることにもとづく道徳的な振る舞いの一般的な試金石としてではなく、特定の種類の侮蔑が示されたときにだけ破られるルールとして解釈される。

尊厳の理解における第四の要素に注目すると、他者に対する私たちの振る舞いの象徴的あるいは表現的な側面がもつ価値が強調されることになる。人びとに正しく接するというのは、私たちが何をするかという問題であると当時に、どうやって（つまり、どのような態度で）それを行うか、という問題でもある。人間の行動のこれらのふたつの側面を解きほぐすことはしばしば難しいし、多くの場合はそうする必要もない。溺れている人を救おうと自分の命を危険にさらしているときに、それ以外の態度を表明する必要がないことは確かである。自分の命を危険にさらすことは、溺れている人の人間性の価値を疑いなく認めていることになるからである。しかし、この問題は、本人たちが望む扱いとはかけ離れた方法で人びとを扱うことが正しいとされる事例――たとえば、戦争において人びとと戦うときや、刑事法制度によって人びとを罰するときなど――を考えると、より明確になってくる。ここにおいて、かれらは敬意をもって扱われる資格があると認められているということを――おそらくかれらに向かって、そしておそらく他の人びとに向かって――表現するようなやり方で行動することが、私たちには非常に重要になる。私たちは（特定の状況のもとで）敵と戦うかもしれないが、かれらを辱めてはならない。私たちは犯罪者を罰してもよいが、かれらを貶めてはならない。何が人を辱め、貶める扱いだとみなされるかは文化によって大きく異なるが、そのことが相対主義の理由にはならない。屈辱を与えることや品位を貶めることは人間の尊厳を侵害するとみなされるという考え方は、そのような侵害は様々な表現で行われるにしても、普遍的なものであると、大いに主張することができる。ただし、このような尊厳のとらえ方は、重要ではあるが、人権一般の背後にある価値の中核としての尊厳の考え方と同等のものではない。「怪我をさせた上に侮辱する」のは本当に悪いことだが、侮辱と、怪我そのものをごたまぜにしてはいけない。

しかしながら、この章を終えるにあたって、ひとつ難しい問題を提起しておきたい。私は、人間が敬いに値することを認めるための表現あるいは象徴にかかわる義務を、私たちが有していることを示唆した。そして私は、そのことによって、人格性の内在的な価値を理由として人間がお互いに対して有する一般的な諸要請を超えた要請を尊厳が体現しているという考え方が、妥当に解釈されることを示唆した。しかし、私たちはそうした義務を、人間に対してだけ負っているのだろうか。敵が生きている間に、かれらを拷問したり、貶めたりすることは尊厳の侵害である。しかし、かれらが死んでいたらどうだろう。たとえば、かれらの遺体を埋葬しないままで動物に食べさせたら、かれらの尊厳を侵害したことにならないだろうか。私の意見では、その答えは間違いなく、尊厳の侵害だ、というものである。しかし、その場合、私たちは誰に対して義務を負うのだろうか。誰の尊厳が侵害されているのだろうか。この問いに答えることが、次の章の焦点になる。

第三章　人間性に対する義務

一　人間主義

誰かの尊厳に敬意を払おうとすれば、その人を「尊厳をもって」扱わなければならない――それは、その人を貶めたり、侮辱したり、軽蔑を表明したりしてはならないということである。しかし、敬意をもって扱われるに値すると私たちが考えるのは、生きている人間だけではない。私たちは、昔から定められた儀礼によって、人間の遺体を処理することが求められている。そうした儀礼の正確な内容は非常に多様である――埋められるべきか、焼かれるべきか、それともハゲタカの餌となるにまかせるべきか――しかし、遺体の存在感と、それらがもつように見える象徴的な力は、驚くほど共通している。前の章の末尾では、敬意をもって遺体を扱う義務があるという普遍的な信念が、道徳哲学に深い難問を提起する、という私の考えを述べた。それがなぜ難問なのか、それをどのように解決すべきなのか、ということがこの章の主題となる。それを導入するためには一歩後ろに下がって、道徳哲学についてのきわめて一般的な問いを投げかける必要がある。

私の出発点は次の問いである。ある行為がよいものであるとして、それは、誰かに利益をもたらすものでなければならないのだろうか。この問いに対する答えが「その通り」であるに違いないという考えは、多くの――おそらくほとんどの――人にとって明らかだろう。結局のところ、ある行為が誰か――あなた自身であれ、それ以外の誰かであれ――にとってよいものでなければ、どうしてそんなことをする理由があるというのか。ここでいう「誰か」は「道徳的に価値のある存在」(少なくとも何種類かの動物は含まれるだろう)でなければならない、という(重要な)条件をつけてみよう。それでも功利主義者であれば、右の問いに「その通り」と答えるはずである。功利主義者にとってとにかく重要なのは快楽と苦痛であり、それらを感じる能力をもっているのは特定の存在に限られる。したがって、快楽と苦痛に好ましい影響を与えない行為というものは――直接的であれ間接的であれ――功利主義者の道徳性の守備範囲から外れてしまうのである。

私が説明している立場は、哲学者ジョセフ・ラズが(彼の著書『自由の道徳性』において)「人間主義(ヒューマニズム)」と呼ぶものに対応している。ラズはこう書いている。

議論を単純化するために、私は、人間主義の原理をただちに支持することにしよう。人間主義の原理とは、ものごとの善悪についての説明と正当化は、究極的に、実際のものであれ潜在的なものであれ、人間の生活とその質に対する貢献によって導き出されると主張するものである。

これは、私が「序」で挙げた哲学についての論点の完璧な説明になっている。ラズに従うならば、人間主義の原理に議論の余地はない。それは「議論を単純化する」ために、「ただちに支持」すべきものである。そしてもちろん、いくつかのことは、議論を進めるにあたって当然のものとして受け止めなければならない。しかし、少なくともソクラテス以来、哲学者たちは、自分たち以外の者が疑問をもたない仮定を精査することを自分たちの学問の栄光とみなしてきた。そして私が主張するように、人間主義は、まさにこれに当てはまる。(「人間主義」というのは理想的な呼び方ではない。それは、この言葉は今では他の多くの意味で使われているからであり、多くの功利主義者が動物と人間の福利を等しく重視しているからでもある。その他の点では、私が議論したいことはまさにラズが述べていることなので、ここでは人間主義という言葉を使うことにする。しかし、これは言葉の意味としては非常に特殊であり、問題となる受益者に動物も含まれるかもしれないことは覚えておいてほしい。)

功利主義がすっかり人間主義の側に立っているという事実があるからといって、功利主義に反対する者であれば、この同じ問いに異なる答えを出すはずだと思い込んではならない。私たちが義務論者であり、善を最大化しようとする行動は福利をより多くもたらすけれども、そうすることが常に正しいわけではない、と言うとしよう。すると、その最も自然な解釈にもとづいて、私たちは、ひとりかそれ以上の個人——たとえば、これから拷問にかけられる人——の利益は、競合するそれ以外の人びとの利益よりも優先されなければならない、と言うことになる。権利とは、ロナルド・ドウォーキンの有名な言葉では、個人が使える切り札である。したがってここでも、誰かにとっての利益は、行為のよさ（義務論者であれば正しさという言葉を好むだろう）にとって不可欠のものとなる。つまり、違いがあるとすれば、それは単に、どのような種類の利益が、そしてどのような人びとにとっての利益が、互いに比較検討されるべきか、というだけの違いなのである。とにかく、功利主義的な者であれ義務論的な者であれ、人間主義者にとっては、尊厳をもって遺体を扱う義務があるという考え方は、明らかに問題が多いことになる。つまり、そんなことをして誰の利益になるのか、ということだ。

二　功利主義者の応答

幸福と無関係に見えることをする(またはすることを控える)ことに強い道徳的な理由があると考える人びとの例に直面して、功利主義者はしばしば次のような社会学的または生物学的な話をする。「確かに、お決まりの行動をとろうとする私たちの傾向(たとえば、誰かの遺体が動物に食べられているところを考えただけで恐怖でぞっとすること)は、合理的な根拠をもたない偏見である。しかし、人間は完全に合理的な生きものではない――そして幸福の観点からすると、それは悪いことではない。それどころか、あらゆる種類のタブーがあるというのはよいことである。人体の扱いについて神経質になることは、社会が人間の自分勝手さや無慈悲さに対して課そうとする制限に感情的な基盤を与える限りにおいて、価値があるのだ。したがって、それらが不合理なものだったとしても、そのような偏見を除去しようとすべきではない――それらは幸福の観点からは有益なのだから」。

さて、この種の議論にはふたつの反対意見がある。何よりもまず、この種の憶測的な類いの人類学に見られる大ざっぱな議論――「そういうことなんだよ物語」――は、人間の振る舞いには何にでも当てはまってしまう。深く広く定着している人間の態度には肯定的で進化論的な根拠があるはずだという一般的な観念を超えると、そのような物語を支持するものはほとんど残らない。

だが、遺体が尊厳をもって扱われるべきだという信念は単に進化論的に便利な物神崇拝（フェティシズム）の断片に過ぎない、という考え方をめぐって、私が本当に気が重くなるのは次のようなことである。それがタブーだとしよう。そんなタブーなんてない方がよかったというふうには私たちは考えないものだ。このように言う人を想像することはできる。「血を見るのが苦手でなければよかったのだが――それが苦手でなければ、自分は優秀な外科医になっていたと思う」。大量の血を見ることのタブーが存在することが一般的にどれほど有用か、私たちは認識することができる。それでも、そうしたタブーから自由になれることは、人を解放するものなのかもしれない。しかし、遺体は尊厳をもって扱われるべきだという信念について同じように考えることは、私には想像もできない。それどころか、そのような信念を欠いた人がいれば心が乱れるし、醜悪ですらある。これはもちろん議論の締めくくりになる言葉でないが、ここでいったん区切りをつけて、人間主義者が示すであろう、もっと興味深いと私には思われる応答に移ってみよう。

三　外在主義

この応答を紹介するために、ふたつ目の一般的な問いを投げかけなければならない。ある行為が誰かに利益を与えるとしよう。与えられた人はそのことに気づいていなければならないのだろうか。注意したいのは、ある行為によって利益がもたらされたことにその人自身が気づいていなければならないのか、ということではなく、利益がもたらされた行動の結果として、その人の知覚が何らか形で（肯定的に）変化しなければならないのか、ということである。一九世紀のヴィクトリア朝時代の博愛主義者が、今では安らぎと野生動物によって喜ばれている木を植えたとしよう。その人物は、それをやったのがかれだということに私たちが気がついていないとしても（私たちは、その木は人間の文明以前からあったと思うかもしれない）、私たちの生活をより楽しいものにすることで、私たちに利益を与えていることになる。問題は、違いを感じることなしに、誰かがより良い状態になったり、よりひどい状態になったりするのか、ということである。「違いを感じる」と私が言うとき、それは肯定的であったり、潜在的には否定的であったりと、両方の意味がある。私たちは襲われかけていた誰かを救ったが、本人は標的になる恐れがあったことに気づいてもいなかったとしよう。それでも、その人はより良い状態にあるわけであり、襲われていたらもっとひどいことを感じていたはずだという意味で、その人の知覚はより良い方向に変わったことになる。

多くの人は最初のうち、利益を受けることと、知覚において肯定的な変化（あるいは、否定的な変化の抑止）が起こることの間には明白なつながりがあると思うだろうが、そんなことはない。次の例を考えてみよう。ある女性に、不誠実なボーイフレンドがいる。彼女は彼の不誠実さに気づいてはおらず、関係はいつもと変わらず良好であり、周囲の人たちの態度にも変化は見られない。それでもなお、彼女はより悪い状態に陥っているのだろうか。私たちは「その通り」と答える方向に、確かに強く引っ張られる。結局のところ、その女性が求めているのは誠実なパートナーであって、自分には誠実なパートナーがいるという信念を求めているわけではないからである。さて、（妥当なことだと思われるが）彼女をより良い状態にすることが、すなわち彼女の願いをかなえることであるならば、実際には願いはかなっていないのだから、彼女の状態が悪くなったことは明らかだろう。そうあなたは思うかもしれない。彼女は願いがかなうように望んでいる——つまり、願いがかなったと（誤って）思い込むことを望んでいるわけではない。したがって、彼女はそのことに気がついていないにもかかわらず、より悪い状態に陥っていることになる。この立場を「福利に関する外在主義」と呼びたい。福利に関する外在主義は、私たちはなぜ尊厳をもって遺体を扱わなければならないかという難問に対して、人間主義者が与えることができる答えである。尊厳をもって遺体を扱うことは、遺体がかつて属していたところの人に利益をもたらす。(当然ながら)その人自身はすでに死んでいるので、そうやってより良い状態になったことを知るすべはないにしても、である。あなたはこの答えに引きつけられるかもしれないが、それでもなお難しい問題だと思われるような事例を、さらに考えてもらうことにしよう。

あなたはそうは考えていないかもしれないが、少なくとも議論を始めるために、妊娠初期段階の胎児(一〇週目あたりだとしよう)はまだ人ではなく、また少なくともある状況のもとでは中絶が許されている、ということを受け入れていただきたい。今は亡くなっている胎児がどのように扱われるべきか、考えてみてほしい。ぞんざいに扱ってもよいのだろうか。ゴミ箱に捨てるというのか。トイレに流すというのか。私は、胎児もまた尊厳をもって扱われるべきだと確信している。しかし、それはなぜだろうか。それは単に、胎児は、尊厳ある扱いによって自らが利益を受けることに気がつかない、というだけのことではない。この場合は(想定されるところでは)、利益を受ける人格は存在しなかったし、これからも存在しないことになる。それでも私は、なお、死んだ胎児は尊厳をもって扱われるべきだと固く信じている。であるからこそ私は、「人間主義と福利に関する外在主義を足し合わせたもの」という道筋をたどることは、正しいやり方ではないと考える。人間主義ではないものを検討すべきときがきた。

四　人間ではないものが、内在的に善きものであるかもしれない

その行動がよいのは誰かに利益を与えるからである、というのが正しくないとすれば、それに取って代わりうるのは、よい行動がよいのは、それらが感覚を有する生きものとの関係からは独立した善きものに向けられているからだ、という考え方であるように思われる。もちろん、そうした善きものは、感覚を有する生きものにとってもよいものであるかもしれないが（実際、おそらく、そうでなければならない）、それらのよさは、その関係性に依存するものではない。善きものとは、どんなものだろうか。おなじみの答えは、プラトン的なもの、である。つまり、時間を超越した善きものとしてのイデアの領域が存在するということである。しかし、プラトン的な立場は、行為がもつ有益な効果という問題を私たちに投げ返す。イデアの領域に存在するものは人間の行動による影響を受けないとされており、したがってそれらは、私たちがそれ

らを生み出したり、破壊から守ったり、それらの質を高めたりすることを目指すべきだといった意味において、人間の行動の目的にはなりえないことになる。想定されるところでは、プラトン的な善が存在するために、人間が必要だということはない。私たちに最も求められていることは、その時間を超越した善きものを知り、愛し、感嘆し、自らの鑑《かがみ》とし、(おそらくは)崇拝することである。プラトン自身にとって、人間は、一義的には知る者として、善と関係する。私たちが善を知っているならば、私たちは必然的に立派に行動することになるが、そうすることで特定の(理性的な)善きこととの関係に引き込まれることになる。それは、善きことを生み出したり、その量を増やしたりすることではない。

しかし、人間主義に対抗することは、必ずしも、時間を超越したプラトン的な領域を信じることではない。もうひとつの反人間主義は、人間の(あるいは他の感覚を有する道徳的に価値ある被造物の)存在から独立して、存在が善であるような有限のものが存在している、そして、人間にとってそのようなものを生み出したり保存したりするのはよいことだ、という主張の形をとる。このような立場をとる者にとって、そのように独立した善きものの明白な例は、美しきものである。美しきもの――自然に美しいものであろうが、人間の活動によってつくられたものであろうが――は、人間にとって価値あるものである。しかし、それらに価値があるのは

（あるいはそう主張されているのは）、人間がそれらに内在する価値を知覚できるからであって、人間が何らかのやり方でそれらに価値を与えるからではない。それらの価値は内在的なものであるから、それらが存在するのはよいことであり、その価値を認識するかもしれない（実際にはしないかもしれない）人間との関係から独立してそれらが存在し続けるのは、よいことなのである。

G・E・ムーアは『倫理学原理』のなかで、そのような見方を提示している。有名な一節において、彼は、ふたつの異なる世界が存在する可能性を考察している。

ある世界がきわめて美しいと想像してみよう。その世界は想像しうる限り美しいと想像してみよう。この地球においてあなたがとても憧れているあらゆるもの――山、川、海、木、夕日、星、月――をそのなかに入れてみよう。これらすべてが最も精妙な割合で結びついており、どれも他のものと衝突せず、それぞれが全体の美に貢献していると想像してみよう。次に、考えられる限り最も醜い世界を想像してみよう。それは単に汚物の山であり、理由が何であれ、私たちにとってものすごく不愉快なすべてのものを含んでおり、それは全体として、ありうる限りで、埋め合わせになるような特徴を何ひとつもっていないと想像してみよう。……私たちには想像できないことがひとつだけある。それは、誰かがそのいずれかの世界に生きて、それぞれを見て、一方の世界の美を享受したり、他方の世界の不潔さを憎んだりしたことがあるとか、そもそもの可能性として、そうすることが*でき*るといったことである。さて、そうであるにせよ、それらの世界は人間が黙想できるものとは別のものだと仮定したうえで、それでもなお、醜い世界ではなく、美しい世界の方が存在すべきだと主張することは非合理的だろうか。ともあれ、醜い世界ではなく美しい世界を生み出すために、われわれにできることをするというのは、よいことではないだろうか。私は確かに、それはよいことだと考えざるをえない。そして私は、この極端な例について私に同意してくれる人がいることを期待する。

ムーアの精神を引き継いで、宇宙における生命の終わりを想像してみよう(そして、そのことを知る神聖なる存在もいないと仮定しよう)。この見方によれば、生気がなく、認知されることのないそのような世界においてさえ、私たちはこう考えなければならない。(たとえば)システィーナ礼拝堂の天井画は、感覚を有する最後の者が亡くなるとともに粉々に崩れ落ちるよりも、たとえその色彩を見る目がもはやなくなっても存在し続けるべきだし、それを保存することは、感覚を有する最後の者が亡くなる前に引き受けるに値することであろう、と。おわかりのように、私がこの見方に説得力があるとはあまり思っていないことは、確かである。そして、もし、あなたがこの見方に私よりも魅力を感じるとしても、それが私たちの議論の出発点である難問の解決の役に立つかといえば、はなはだ疑問である。感覚を有する宇宙の最後のひとりが、最後のひとりのひとつ前の者の遺体を尊厳をもって扱うとしよう。そこでは、どのような善きものが生み出され、存在し続けることになるだろうか。

五　義務

私たちには尊厳をもって死者を扱う義務がある、という難問は、本当に深くて手強いものだと思う。ここまで示してきた立場は有望なものだったけれども、説得力のある解決になりそうなものはなかった。何か、注意を払わなかった対案があるのだろうか。それは確かにある、と私は信じている――しかし、今日流行している立場ではないので、それを擁護している道徳哲学者もまったく思い当たらない。それでも、私にはその立場が、考えれば考えるほど説得力のあるものに思えてくるのである。私の確信を共有してもらえるように、この章の残りを使ってあなたを説得してみたい。

前の章で説明したように、現代の哲学者たちは、一般的にロールズにならって、道徳理論を目的論的なものと義務論的なもののふたつの陣営に分類してきた。この区別は、権利を善の最大化の問題として解釈できるかどうかによる。権利にもとづく理論は、パラダイムとしては義務論であるが(この見方によれば、権利をもつことが意味するのは、まさに、何かをすること――該当する権利を敬うこと――が善を最大化するわけではなくても、正しい場合があるということである)、功利主義は、パラダイムとしては目的論である。権利は(それが単なる許可ではなく「請求権」であるとするならば)他の人びとに義務を課すことになる。そして、私たちに義務があるとすれば、それらの義務は道徳的に価値あるものに利益を与えるものでなければならず、そう考えることが人間主義的な観点からすれば自然であるように思われる。このように理解するとき、権利にもとづく理論は、功利主義と同じように、先に定義したような意味で人間主義的なものになる。

しかし、語源的には「義務論(deontology)」は義務(duties)に関する学説であり、実際、義務にもとづく理論と権利にもとづく理論との間には、原理的な区別が存在している。いかなる受益者にも対応しない義務というものが、私たちにあるのだろうか。哲学者オノラ・オニールは、権利のない義務が存在すると主張してきた。彼女が出した例は、施しをする義務である。彼女はたいへん妥当なことに、慈善活動によって利益を受ける権利をもつ特定の個人がいなくても、それでも施しは義務であるかもしれないと言う。しかし、このオニールの例は、明らかに人間主義が描く軌道の上にある。つまり、権利の問題として利益を受け取るような法的資格が人びとに与えられていないにしても、施しの義務による受益者は存在しているのである。私が提案する立場は、それよりもずっとラディカルなものだ。すなわち、私たちが尊厳をもって遺体を扱う義務があるのは、まさに、行動にあたっての私たちの義務のひとつに、敬意を表する行為をすることがあるからなのである。これは、私たちの行為によって利益を受ける特定の存在あるいは行為主体に対して、私たちが負っている義務ではない。これはまた、集合的な受益者とみなされる人類全体に対して私たちが負っている義務でもない。このような義務にもとづく道徳性へのアプローチを探求するために、それを先ほどの問いのなかに位置づけてみることにしよう。

とても根本的なことだが、私が提唱している義務にもとづく道徳性へのアプローチは、人間主義に肩入れするものではない。そうすると、私たちは、他の内在的に価値あるものには——それどころか私たち自身に対しても——利益を与えないやり方で行動する義務をもつことになるかもしれない。(義務にもとづく理論と「徳倫理学(virtue ethics)」と呼ばれる流行中のアプローチとの違いが、ここにある。徳倫理学にとっては――私が理解できる限りでは――、立派な行いをすることは、よい生活を送ることの一部であるから、徳のある行為主体に利益をもたらすであろう。「よい生活」は、愉快なものという意味ではなく、もっと洗練された新アリストテレス主義的な意味において、行為主体の「幸福(エウダイモニア)」、つまり、その「開花」を増進するものだと理解されている。だから徳倫理学は、人間の福利とは何なのかに関する考え方を広くとらえるような、ある種の人間主義なのである。)したがって、義務にもとづく理論家は、利益を受ける存在がある行動によってより良くなるためには、その利益を受ける存在の知覚との関連性がなければならないかについては、不可知論者のままであるかもしれない。ある行為主体は、自らの義務を果たすにあたって、その存在が人間との関係とは独立して内在的に価値をもつような何ものかを、生み出したり、保存したり、あるいはそれと関係したりするのだろうか。結局のところ、義務にもとづく理論家は、そんなことは信じなくてもよい(これから見ていくように、カントは実のところ、まさにそう考えている)。

現代の道徳哲学において、義務には一義的な重要性があるという考え方が検討されることは、ほとんどない。それは私が思うに、現代の道徳哲学者にとって、道徳的に重要な受益者がいなくても義務には効力があるという考え方が、ただ単に、真剣に取り合うには奇妙すぎるからである。それに似たようなことは、いわゆる「行為者相関的な理由」に関する文献でも議論されている。そこでは、行為主体が誰であるかを理由として、行為主体に一定の行動が義務づけられる(あるいは一定の行動が禁止される)と考えられている。その最も普通に挙げられる例として、親には自分の子どもの面倒をみる特別な義務があることが指摘される。しかし、ここで考えられているのは、特定の個人には他の道徳的な価値ある存在に利益を与える特別な義務があるけれども、そうした義務は一般的な原理に由来するものではない、ということである。言い換えれば、それらはやはり、私が言うところの「人間主義」の枠組みのなかにとどまっていることになる。私の主張は、これとは違う。それはよりラディカルである(誰の利益にもならなくても、私たちは遺体に対する義務を有している)と同時に、より一般的でもある(これは私たち全員がまさに人間であることによって有するものであり、特定の社会的な関係のもとにある人びとに限定されるものではない)。

尊厳をもって遺体を扱う義務をめぐる問題への様々なアプローチに対する反論だと思われるものについて、私は指摘するのをためらわなかった。そうであれば、義務にもとづくアプローチについても、同じことをするのが公平である。このアプローチは確かに奇妙なものである。

私たちには敬意を表するようなやり方で行為する義務がある、と私は言っていることになるだろう――しかし、私はいったい誰に対して敬意を表するのだろうか。「表する」というのは、確かにコミュニケーション上の行為である。宇宙で最後の一人となった感覚を有する者には、その声を聞く者が誰もいなくても、そうする義務があるのだろうか。私の答えは――おかしいとあなたは思うかもしれないが――、その義務がある、というものである。さらに、パラダイム的に人間性の価値を体現しているもの――生きている人間――に接するように、そうでないもの、すなわち胎児や遺体に対しても、私は敬意ある態度を表明する義務を有している。こう考えると、義務にもとづく道徳性は、ニーチェにならって言えば、神の影のもとで倫理が実践される例であるかのように響く――ニーチェの主張によれば、公式には神を信じなくなった人たちですら、今なお、すべてを見て審判を下す神の存在を前提として初めて意味をなすような行動や考え方をしているのである。神には私たちの声が聞こえていないとすると、なぜ敬意を表さなければならないのだろうか。義務の理論家からは、これ以上応答することはできないように思う。気づいている人が他に誰もいないとしても、敬意を表することは義務であるという信念に、とにかく訴えなければならないのである。

六　カント

ここで回り道をして、最後にもう一度だけ、カントの道徳哲学の解釈に戻りたいと思う。それにはふたつの理由がある。第一に、まさに提起したばかりの問題の観点からカントを考察することによって、人間性の尊厳に関する彼の思想の最も印象的な（そして、現代のリベラルたちにとっては不愉快な）特徴のいくつかを、よりよく理解できるものと期待できる。第二に、私がここで提唱している義務にもとづく倫理学へのアプローチの構造を、カントを使って明確に定式化することができる。

私がこれまで用いてきたジョセフ・ラズ的な言葉の意味では、カントは人間主義者ではない。カントが人間にとって必須だと考える義務の多くは、それらを遂行しても誰にも利益を与えない――そして、それ以外の場合でも、それらが義務であるのは、それらが誰かに利益を与えるからではない。また、私たちの義務は、他の道徳的に重要な存在の権利から派生しているというわけでもない。実際、カントは、私たちの最も基本的な義務（驚くべきことに、真実を言う義務も含まれる）は、自分たち自身に向けられた義務であると考えている。カントは、この章で使っている用語で言えば、ある種のプラトン主義者である。つまり彼は、内在的に善きものは時間を超えていると考えている。そして彼は、正しい行動というものは、時間を超えて価値あるものを生み出そうとしたり、それを破壊から守ったりすることではなく（それはどちらも不可能であり、不必要なことである）、それに対してふさわしいやり方で行為することであると考えている。ところが、カントにとっては（プラトンとは異なり）、その内在的に善きものは人間から独立してはいない――それどころか、それは内的で超越論的な核心として、人間のなかに存在している。

プラトンにとって、内在的に善きものに対する適切な態度というのは、認知的なもの――それを知ろうと努力すること――である。結局のところ、正しい行動はそれ自体、ある種の知識の表現なのである。カントにとって、内在的に善きものは、それが内在的な善さ――尊厳――をもつという事実に敬意を払うようなやり方で扱われなければならない。ここでいう「敬意」は、遵守としての敬い（私たちが速度制限を守るようなやり方で善きものを敬うこと）ではなく、私たちはそれに対して敬意を払う態度をとり、この態度を表現するような形で行動しなければならない、ということを意味する。カントの倫理学は義務の倫理学であるが、それはまた、敬意の倫理学、名誉の倫理学、あるいは畏敬の倫理学とさえ呼んでもいいかもしれない。その指針となる思考は、私たちには、敬意を込めて、かつ敬意を受けるに値するようなやり方で、行動する義務がある、ということである。

カントにとって、内在的に価値があるような、時間を超越したものとは何であろうか。その答えは、『道徳形而上学の基礎づけ』のなかに十分にはっきりと記されている。「道徳性、そして道徳性をもちうる限りでの人間性が、尊厳を有する唯一のものである」(*Ak.* 4: 435)。カントによれば、道徳性は尊厳をもつ――何か善きものをもたらすからではなく、それ自体が尊厳をもつのである。私たちは道徳性に従うことも、従わないこともできるが、道徳性そのものは、私たちが生み出したり壊したりできるものではない。カントが人間性に尊厳があると言うとき、それは、道徳的な生活の目的は人間に利益を与えるように行動することだということを意味する。そう考えるのも自然なことではある。しかし、この解釈は間違っている。カントがはっきり述べているように、彼の見方によれば道徳性は、その人間性に対する貢献から価値を取り出すものではない。人間性は、道徳性の力をそなえることによって、価値をもつのである。『実践理性批判』の最も有名な一節において、カントは義務の起源を問うている(「崇高で強大な名前、……それが由来となり、人間だけが自らに与えることができる価値の不可欠の条件が生まれる」(*Ak.* 5: 86))。カントの答えは、人間の内在的な価値は道徳的義務に由来するものであり、それは人間を「知性だけが考えうるような、ものごとの秩序」に結びつける、というものである。

> ［義務の起源は］人格性、すなわちすべての自然の機構から自由で独立していること以外の何ものでもない。しかしそれはまた、特別な法に、すなわち自分自身の理性が与えた純粋な実践法に従っている存在の能力ともみなされる。したがって感性の世界に属する者は、叡智の世界にもまた属している限りにおいて、それ自身の人格性に従うことになるのである。というのも、両方の世界に属するものとしての人間が、自分自身の性質を、自らの第二のそして最高の使命との関連において畏敬のみをもって仰ぎ見、またその法を最高の敬意をもって仰ぎ見なければならないということは、まったく不思議ではないのである。
> (*Ak*. 5: 86–87)（著者による英訳の修正あり）

カントがここで言及している「ものごとの秩序」とは、もちろん、彼の有名な「ヌーメノンの領域」、すなわち、自らの感覚によっては接近することができないけれども、そこでは私たちは自由なものとして存在すると考えられるような「叡智の世界」のことである。この世界はプラトンのイデアの世界に対応する。カントを「プラトン主義者」と呼ぶことは、現代のカントの崇拝者が縮小したり、回避したりしようとしているカントの倫理思想の形而上学的な側面を、強調することになる。しかしその対比は、実際には、私が選んだ呼び名が示唆するほどには劇的ではないことが判明するだろう。クリスティン・コースガードの著作にみられるカントの「主意主義的」な解釈においては、何よりもまず合理的な主体性が、価値の源泉となる。私がそう呼ぶところの「プラトン主義的」な解釈もまた、内在的に価値あるものを理性的な意志と同一視するものである。コースガードの読み方では、宇宙に合理的な行為主体が存在しなかったとすれば、内在的な価値をもつものは存在していないことになる。したがって、レトリックを別にすれば、このふたつのカントの解釈の仕方にそれほど大きな違いはないのかもしれない。

結局のところ大切なのは、無条件的な内なる価値として解釈された人間の道徳的な主体性の「尊厳」から、私たちが何をなすべきかの理解へと、どうやって進んでいくかである。そこには本当に根深い解釈の違いがあるように、私には思える。主意主義的なカントの読み方が主張するところでは、カントにとっては、その意志が合理的であることを条件として、人間の意志が価値を生み出すことになる。問題はもちろん、「合理的」が何を意味するかを特定することである。それは、行動の矛盾を検証すること(テクストとしての正確を期せば、そのもとで行動がとられるところの格律)である。これらの格律が普遍化されたらどうなるだろうか。長年にわたって、この流れに沿って数百のカントの解釈が生み出されており、それぞれに特徴的な強さと弱さがあるのだが、それらのすべてが直面する共通の問題は、次のようなものだと私には思われる。禁止されているまたは義務的であるとカントが主張する行為のうち、普遍化されたときに(あるいは例外なく除外されたときに)、本当に矛盾に至るようなものがどれだけあるのか、とてもわかりづらい、ということである。このことは、カントが自己に対する義務と表現するものに、とりわけあてはまる。カント自身が示す例を取り上げよう。人間は、苦しみによってもはや理性的に自制心を働かせることができない地点まで到達したならば、自らの生を終わらせることを選ぶかもしれない。そのことのどこに矛盾があるだろうか。

コースガードが好む普遍化可能性の検証というアプローチを、自殺は根本的に義務に反しているというカントの主張にまで拡張するのは難しい。彼女はそのことを、感心するほど素直に認めている。コースガードによれば、普遍化可能性の検証とは、同一の動機ないしは目的をもつ者が皆、提案されたやり方で行動するとして、かれらはなおその目的を達成することができるのだろうか、と問うものである。しかし、彼女が認めるように、「深刻な不幸に苦しむすべての者が、自殺せずに、かれらの目的、すなわち不幸を終わらせることを達成できる、ということを示すような論拠は、まったく存在しない」。コースガードによれば、カント主義がこのような困難に直面するのも、驚くべきことではない。なぜなら、それらの事例は、理論が正面から対処すべき基本的な関心事から、少し離れたところにあるからである。

この見方の枠組みを形成し、この見方が最もうまく扱うことができるような種類の事例をなすのは、自らを例外にしようとする誘惑である。すなわち、身勝手さ、意地悪さ、利己主義、そして他者の権利への無関心である。カントの不道徳な振る舞いのモデルになるのは、絶望や病気から生まれる暴力的な犯罪ではなく、こうしたことである。私たちはこのことでカントを責めることはできないと思う。というのも、大部分の人びとは、日常生活において、他でもなくこの種の悪に惑わされているからである。

コースガードがこのようにカントを読む理由が、私には理解できる。だが、私は真逆のことを考えている。私の考えでは、自殺の禁止のような事例は、周縁的なものではなく、中心的なものである。カントの道徳哲学は、「私たちがお互いに対して負うもの」だけではなく、それ以上に、自分自身に対して負うものにも向けられている。したがって、どのような格律が矛盾なく普遍化されうるかという問いから始めるかわりに、まず、自分たちの尊厳(私たちの内にある内在的価値の核心)を適切な敬意をもって扱うにはどのように行動すべきかを問いながら、カントを理解する方がよいだろう。

カント自身は、『道徳の形而上学』や『倫理学講義』において、自己に対する義務の一義的な重要性を明確に主張している。

これらの義務が最低のものだということはまったくない。これらは実際には首位にあるものであり、すべての義務のなかで最も重要なものである。なぜなら、自己に向けられる義務とはどのようなものかを最初に説明しなかったとしても、このように問うことができるからである。人が自らの人格を貶めているとしたら、それでもその人に何かを求めることができるだろうか、と。(*Ak.* 27: 341; *Moral Philosophy: Collins*)

自己に向かう義務は、私たちの自由に限度を設ける。それらの限度は、私たちの人間性を尊重するやり方で行動する必要性から生じる。

自己に向かう義務の原理（プリンキピウム）は、自己への好意ではなく、自己の尊重に存している。すなわち、私たちの行為は、人間性の価値に沿ったものでなければならないのである。……そのようなすべての義務の基底には、ある種の名誉愛がある。この名誉愛は自らが自らを高く評価しているという事実に存している。自分の行動が人間性に沿っていることが、自分自身の眼に価値なきものとは映っていないのである。内的な敬いに値すると自分の眼に映るということ、すなわち是認を大切にすることは、自己に対する義務の本質的な構成要素である。（*Ak.* 27: 347; *Moral Philosophy: Collins*）

重要なことに、カントのここでの言葉づかいは、意志における普遍性や一貫性——今日、カントの道徳哲学が一般的に同一視されているところの理性の装置——の要件ではなく、敬意、尊重、そして「名誉愛」に焦点を当てている。私たち一人ひとりが自分たちの内部に有している価値を尊重しなかったら、私たちは敬いに値しないものになってしまう。私たちは、人間性の尊厳を生み出したり、それが破壊されるのを防いだりするというのではなく、それに対する尊重を表現するような行動のやり方を見つけださねばならない。私たちが、自分たちの内部に有している価値の尊重を表現するようなやり方で行動した場合、私たちは敬意を受ける資格をもつことになる。それは自尊心(self-respect)であり、他者からの敬意である。

したがって、自殺は、カントにとって本当に重要な問題であり、彼の関心の隅っこにあるものではない。カントが言うには、それは「自己に対する義務を極度に侵害するもの」である(*Ak.* 27: 342; *Moral Philosophy: Collins*)。しかし、その背後にある格律の普遍化を首尾一貫させることができないということでないとすると、カントが自殺に反対する理由はどのようなものであろうか。自殺を容認する者は、一般的に次のふたつの原理のどちらか(両方かもしれない)に訴えるが、カントはこの両方に反対している。第一に、人びとは自身の「自己所有権」をもつことにより、自分がそう願えば、自分自身の生命を終わらせる権利をもつ、と主張できるかもしれない。(安楽死を描いて適切な称賛を得た演劇のタイトル、『この生命《いのち》誰のもの』がこだまする。)カントは(カトリック教会と同じように)、これに強く反対する。「私たちの人格のなかの人間性」は、物理的対象を所有するようなやり方で自己を所有することを妨げ、同様に、自分たちの身体をもののように扱うことを禁止する、とカントは述べている。

かれは実際にその所有者(プロプリエタリウス)である。すなわち、それを統治し、支配しているのだ。しかし、人格を支配することについては、すなわちそれをものとして処分しようとするならば、現象(フェノメノン)は物自体(ヌーメノン)の制約を受ける。(*Ak.* 27: 593; *Moral Philosophy: Vigilantius*)

第二に、自殺を容認する者は、自殺の可能性が人間の苦痛を弱めるという考え方に訴えるかもしれない。これもカントは拒絶する。自殺することで苦しみから逃れられる者がいるかもしれないという議論は、人格のなかの人間性に対する私たちの義務を、実際にそれを尊重するようなやり方で行動することが問題になっているときにあってさえ、「傾き」や「賢明さ」の問題へと切り詰めてしまう。カントは、自己に対する義務を侵害することで「誰かが危害を加えられるわけではない」ことを認めるが、「しかし、それはその人自身の人格のなかにある人間性の価値の名誉を穢《けが》すことである」。

自己に向かう義務は……すべての優位性から独立しており、人間であることの価値にのみ関係している。これらの義務は、私たちが自らの人格について拘束のない自由を有しているわけではないという事実、そして、私たちの人格のなかの人間性が大いに尊重されねばならないという事実にもとづいている。というのも、このことなしには人は侮蔑の対象になるからである。この侮蔑は絶対的な悪事である。というのも、かれは他者の目から見てというだけでなく、自分自身として価値のないものになるからである。自己に向かう義務は、すべての道徳性の至高の条件であり原理である。なぜなら、人格の価値が道徳的価値を構成するからである。(*Ak.* 27: 343; *Moral Philosophy: Collins*)

カントによるこの文章やその他の類似の文章を読むと、彼が人間主義者でないことはまったく明らかである。私たちは超越的な価値——私たちの人格のなかの人間性——の体現者なのであり、そのために私たちは、そんなことをしても自分にも他者にも何の利益もないというのに、その価値に対する敬意を表するようなやり方で行動することを要求されるのである。自殺は「自分自身の人格のなかの人間性の権利という概念に反する」行動であり、「人間性はそれ自体が不可侵の神聖なるものであり、そこにおいては、私の人格性、つまり私の人格のなかの人間性の権利もまた同様に、不可侵の制約を受けることになる」(*Ak.* 27: 627; *Moral Philosophy: Vigilantius*)。したがって、そうしたいという圧倒的に強い物理的または心理的な理由があったとしても、私たちは自分自身の生命を捨ててはならないことになる。

しかし、コースガードは、カントにかわって別の議論を提示する。

「まずまずの状態」は明らかに善きものであると思われるだろうが、それがよいのは、合理的な存在者の選択によって価値が与えられたという理由のみによる。合理的な存在者を破壊してみよう。そうすれば、この目的の善きことの源泉を断ち切ることができるだろう――そうすれば、それはもはやまったく目的などではなく、それを追求することはもはや理性的なことではなくなる。

この議論には弱点がある。それは、主意主義的なカント解釈の根本的な問題を明らかにするものである。コースガードが言うように、「合理的な存在者の選択」によって本当に価値が与えられるとするならば、そのように選択する存在そのものの価値はどうなるのだろうか。それはどこからくるのだろうか。合理的な存在者は、それ自身の選択を理由として価値を有しているか（それは悪循環であるように見える）、または、合理的な存在者の選択に由来しない価値が少なくともひとつ存在するはずである。この見方を、私がまさに展開してきたカントの読み方と対比してほしい。この見方によれば、合理的な行為主体の選択には価値がある（ときもある

——常にそうだとは限らない)。なぜなら、合理的な行為主体はそれ自身が価値を有しているからである。かれらはその価値を、自らが行う選択から引き出しているわけではない。そうすると、コースガードが正しいとすれば、カントにとっての自殺の矛盾とは、自殺者は自分の人生を終わらせることで、特定の目的の善きことの源泉である「合理的な存在者」を破壊している、ということになる。しかし、それがカントの見方でないことは、彼のテクストからはっきりとした確証が得られると思う。カントにとって内在的で絶対的な価値をもつのは、私たちの生命ではなく人格性——「私たちの人格のなかの人間性」——なのであり、(今日の私たちには奇妙に聞こえるだろうが)私たちの人格性と私たちの生命は、同じものではないのである。この理由により、カントが『倫理学講義』において明らかにしているように、「生命は、独立してそれ自体として大切にされるものではけっしてなく、むしろ、私が生きるだけの価値がある限りにおいてのみ、私は自分の生命を保護するように努力しなければならないのである」(*Ak.* 27: 371; *Moral Philosophy: Collins*)。状況によっては、「私たちの人格のなかの人間性」による名誉のために、実際、私たちは自分の生命を諦めなければならないこともあるだろう。

私たちの人格のなかの人間性は、最高の敬意の対象であり、私たちのなかでけっして侵害されてはならない。人が不名誉を重ねそうなとき、人は自分の人格のなかにある人間性の名誉を穢すよりも、むしろ自分の生命を犠牲にすることを義務づけられる。というのも、自分の人間性が他者によって不名誉を被りそうなときに、人はそれに名誉を与えられるだろうか。人が自分の人間性の名誉を穢すことによってしか自分の生命を保護できないのであれば、むしろ生命を犠牲にすべきである。そうすることで、かれは確かに動物としての生命を危険にさらすのだが、それでもかれは、自分は生きている間、名誉をもって生きたのだと感じる。長く生きることが大切なのではない(というのも、人が出来事によって失うのは、自分の生命ではなく、自らが生きる年月の延長にすぎない。なぜなら、すでに自然によって、いつかは死ぬということが布告されているからである)。大切なのは、生きている限りは名誉をもって生きることであり、人間性の尊厳の名誉を穢さないことである。そのようなやり方で生きることができないのであれば、かれはまったく生きることができていない。そのとき、その人の道徳的な生命は終わっている。しかるに道徳的な生命が終わるのは、それがもはや人間性の尊厳と一致しなくなるときである。(*Ak.* 27: 377; *Moral Philosophy: Collins*)

カントにとって、人格というものは、かれの物理的な存在と同一視できるものではない。したがって、自殺が悪いのは、自分の人生を終わらせることで「合理的な存在者を破壊する」からではない。それが禁止されているのは、むしろ、それが不名誉なことだからである。すなわち、私たちの人格のなかにある人間性を尊重し損じているということである。

要約しよう。カントが道徳性を展望する際の基本的な出発点は、私たちが自らのうちに「無条件的で比較できない」価値をもつ何ものか――「人格性」あるいは「人間性の尊厳」――を抱えているということである。その価値は手段としてではなく「目的」として扱われなければならない。しかし、それは人間の行動によって増加したり、人間によって達成されるべき目標として機能したりするものではない。それは、私たちの「動物としての生命」と同一のものではないし、私たちが物理的な破壊から守るべきものでもない――逆に、それは私たちに、自分の命を犠牲にすることを要求するかもしれないのである。したがって、人間性の尊厳は私たちの振る舞いの指針として機能するが、それはあまり直接的なものではない。それは私たちに、人格のなかの人間性に「名誉」を与えたり「敬意」を払ったりするように振る舞うことを求めるのである。「私たちの人格のなかの人間性」は、それ自体として追求されるべき、あるいは増進されるべき目的ではないが、カントによれば、それを敬うことは、特定の目的――「自己の完成と他者の幸福」(*Ak.* 6: 385; *The Metaphysics of Morals*) ――を追求することを、そして、自然だとされる特定の目標(評判がよくない例をあげれば、自らの性的能力を「不自然に」使用しないこと(*Ak.* 6: 424–426; *The Metaphysics of Morals*)に従うことを、私たちに求める。もちろん、私たちはまた、適切に普遍化されうる原理や、「利己心、意地悪さ、他者の利用、他者の権利の無視」を確実に禁止するような原理にもとづいて行動することが求められる。しかし私は、この種の自己中心的な振る舞いこそが「カントの不道徳な振る舞いのモデル」だとするコースガードには同意できない。それどころか、そのような義務は、カントにとって、他のより基本的な要件の文脈において生じてきたものとして理解されるべきである。

私が自分のカントの解釈を説明したときに、あなたの頭のなかをよぎったかもしれない考えを、今、とりあげておく必要がある。あなたが、テクストの理解の仕方としては、私の解釈は説得力のあるものだと思ってくださったとしよう(そうであることを期待する)。しかし、私はこの解釈によって、カントのためになることを(あるいは、あなたがカントの道徳哲学に共感しているとしたら、あなたのためになることを)、何かしただろうか。たとえば私は、カントにとって人間性の尊厳は、私たちが「ヌーメノンの領域」の成員であることと結びついており、そのことを理由として、私たちは自分が時間を超越した内在的な価値を体現しているとみなせるかもしれない、と主張した。この価値にふさわしい方法で行動する必要性があるところから、カントは、いくつかの実践的な結論を導き出すことを意図している。私が憂慮するのは、これらの結論の多くが、現在、ほとんどの人びと(私自身を含めて)が道徳的に求められていると思うであろうことから外れてしまっている(カントが禁止するのは自殺や嘘だけではない——その他に同性愛や自慰行為といったものもある)、というだけではない。カントの企てに共感する多くの者にとってより厄介なのは、カントの道徳哲学が、通常そう思われているよりもずっと不明瞭なものにみえてしまうという事実だろう。基本的な価値に「敬意」を払ったり「名誉」を与えたりするようなやり方で行動すべきだ、というだけのことが基準なのだとしたら、特定の要請に対して、私たちは、どうすれば理性的に賛成したり反対したりできるのだろうか。私の解釈では、そこには、基本的な価値から適切な行動を導き出せるような、明確な検証基準や一連の尺度——功利主義者の単純な最大化原理に対抗できるようなもの——は、存在していない。

カントの倫理学は、この章で使っている意味においては、人間主義的なものではない。なぜなら、自分たちの義務を遵守しても、それが向けられている時間を超越した価値あるものに対して、利益を与えることはできないからである(ただし、もちろん、それを体現している個人に利益を与えることはあるかもしれない)。この価値の存在は、カントによって、彼の最も野心的な形而上学的な主張に結びつけられている——それは、人間は、人間が自由な行動ができるという能力を理由として、見かけ上の経験的な世界を超えたところにある「ヌーメノンの領域」の成員になっているという主張である。そういうわけだから、現代の世俗的なカントの崇拝者たちがこの結びつきを軽視し、哲学的にさほど重大なことではないと解釈しているのも、驚くべきことではない。

一八世紀から一九世紀にかけて、道徳哲学に巨大な革命が起きた。この時代、創造主である神に言及することなしに、包括的な道徳の体系が発展したのである。神の意志に関する主張を行うことで直接的に、または、神による創造において明らかになった(とされる)目的に言及することで間接的に、神に言及するようなことは、なされなくなった。そのような体系の提唱者たちが誰も神を信じていなかったわけではない。かれらはただ、道徳性を宗教から分離しようとしていたのである。今日私たちが知っているこの種のアプローチの主要なものには、明らかに、功利主義がある。もうひとつ、カント主義も一般にそのようなものだと考えられている。確かにカントは、道徳を神の信仰や目的論的な自然観から独立させせている。しかし、ここで示した解釈に従うとすれば、カントの道徳哲学は、人間性の「不可侵の神聖さ」と、私たちの人格のなかの人間性に対する敬意(カントのアハトゥング(Achtung)という言葉は、普通はrespect(敬意)と訳されるが、reverence(畏敬)とした方がよいかもしれない)を強調するものとして、けっして完全に世俗的だとはいえないものであることが明らかになる。

七　プラトン主義なき義務

宗教を信じる者は、神およびその延長として神の意志を体現しているとみなしうるものを、畏敬しなければならない。しかし、神がいないときに、畏敬にふさわしい場などというものがあるだろうか――ましてや世俗的な道徳体系の中心に、そんなものがあるだろうか。私の主張を述べよう。私たちは、自分には人間性の尊厳を敬う基本的義務があると、理性的に信じることができる。そうするにあたって、人間主義(あらゆる善きものは、それが人間に利益を与えるからこそよい)を受け入れる必要はないし、プラトン主義(時間を超越して価値あるものがあり、それに対して私たちは、敬意や畏敬をもって行動しなければならない)を受け入れる必要もない。以上が、この章の冒頭で発した難問に対して私が提示する答えである。

私たちが、人間は神のかたちに似せて創られたから尊厳を有していると宗教的な理由によって信じるならば、あるいは、人間は自由なヌーメノンの領域に住んでいると信じるならば、私たちの敬意の対象には客観的な価値が内在していることになる。そのような価値は、人間を動物や物質的なものと区別し、そうした対象からの要請を正当化するのに役立つような何ものかである。だが、私たちには人間性を敬う義務があると考えることが合理的であるためには、そのような客観的な特徴を提示できなければならないのだろうか。そのもの自体は人間ではなく、それに対する私たちの振る舞いから利益を受けることもないもの——たとえば遺体や胎児——に対しても、私たちはそのような義務をもつかもしれない。カントの超越論的な用語法で人間性を考えなくても、このことは、私には説得力があるように思われる。そのような義務は、一義的には象徴的なものである。そのような義務は、私たちに、敬意を表するような方法で行動することを求める。そして、それに気づく者が誰もいないときでも、私たちは敬意を表することを求められるだろうという考えに接しても、私は困惑したりはしない。人間性の尊厳を敬う義務は——これについて私はカントに同意する——根本的には自己に向けられた義務である。これによって私が意味するのは、私たちは自分の義務を遵守することで利益を得られるということではなく、私たちの義務はきわめて深いところで私たちの一部になっているので、それがなければ、私たちは人として成り立たなくなってしまうということである。他者の人間性を敬わなければ、私たちは実際に自分のなかの人間性をも掘り崩してしまうのである。

道徳的な人間主義の見かけの上での常識に反論するにあたって、私の見方はカントの見方と共通するところが多いが、それ以外の点では遠く隔たっている。人間性への敬意をもって扱われるという意味での尊厳は、カント主義者(あるいはカトリック)によるこの言葉の使い方が暗に意味するものとは異なり、人権の根本的な基礎にはならない。私の考えでは苦痛はそれ自体が悪であり、愛はそれ自体が善なのであって、それは、カント哲学が意味するように、何か他のものと関係しているからではない。基本的人権の侵害のすべてが象徴的な危害を伴うわけではないが、そのような尊厳の侵害は衝撃的なものである(アブグレイブ刑務所の恥ずべき写真を思い出すとよい)。あなたが私を拷問するとき、あなたは私を辱め、貶めるのだが、危害はそれだけではない。あなたは私に極度の苦痛を与えることで、私の自制心の働きを奪う。侮蔑の表現と結びついていようがいまいが、それは許されないことであり、基本的人権の侵害である。ナチス国家がユダヤ人に対して行った最悪のことは、かれらを家畜運搬車に載せて運び、想像を絶する卑劣な環境での生活を強いたことではない。かれらを殺害したことである。

しかし、それは、尊厳にかかわる危害が重要でないということを意味するわけではない。それどころか、ジョナサン・グラバーが素晴らしい著作『人間性——二〇世紀の道徳の歴史』のなかで記録しているように、二〇世紀の最も暴力的で破壊的な行為の多くを特徴づけるもののひとつが、犠牲者への侮辱であり、象徴的な貶めである。グラバーが指摘する事実のひとつに、拷問者がしばしば、グラバーが「冷酷なジョーク」と呼ぶものを用いるということがある——たとえば、かれらの犯罪の道具や文脈に、皮肉にも無害なニックネームがつけられる(「鉄の処女(アイアン・メイデン)」や「幼児の遊び部屋(ロンパー・ルーム)」を考えてみよ)。これは確かに、かつてジョージ・オーウェルが描いた世界につながっている。ユーモアが「画びょうの上に座る尊厳」だとすれば、冷酷なジョークは、尊厳を象徴的に掘り崩すきわめて効果的な方法である。そして、そのような尊厳の否定は、悪へと向かう心理的な道を開くものである。あなたが私のように、現代のリベラル・デモクラシーの物質主義的な世界と、二〇世紀を醜悪なものにした蛮行や残虐行為(それが二一世紀にも続いていることを示す兆候がたくさんある)とを隔てる壁が、とてつもなく脆いものだと感じているならば、あなたにはなおさら、尊厳にかかわる危害に用心するべき理由がある。

尊厳にかかわる危害はまた、物質的な性格をもつかもしれない。人間の尊厳を侵害する主要な方法のひとつは、威厳をもつやり方で振る舞うのを妨害することである。威厳を傷つけられるような扱いを受けている人びと——たとえば、自分の身体を洗えなかったり、きちんとしたトイレを使えなかったりする囚人――は、そうした品位を貶められるような状況にもかかわらず、理性と自己決定の力を維持することによって、シラー的な意味での偉大な尊厳を示すことになるかもしれない。それは確かなことである。それでも、結びつきは残っている。すなわち、人を貶める扱いの要点のひとつは、ただ単に侮蔑を表現するのではなく、そうすることでその被害者の尊厳への能力を掘り崩すことにあるのである。このような扱いが目的に反して失敗することもあるが、それは、被害者のもつ自制心――したがって、尊厳――の程度が並外れて大きいことを示している。

人間に対する侮蔑をどのように表現するかは、当然のことながら、文化や文脈によって異なる。しかし、そこには一定の目立った共通のテーマがある。人間の間に社会的な地位の顕著な区分がある(あった)場所において誰かの尊厳を奪う際には、表現あるいは象徴として、かれらを、典型的に非常に低い社会的な地位に位置づけるようなやり方で扱うことになるのだ――かれらは文字通り、貶められるのである。もうひとつの特徴的な区分(それは、すでに見たようにキケロの『義務について』にまでさかのぼる)においては、人間の尊厳は、人間と動物を区別する振る舞い――たとえば、直立して歩く、衣服を着用する、テーブルマナーに沿って食事をとる、プライベートな空間で排泄し、性行為を行う――によって表現される。拷問者や殺人者は、ここに狙いをつける。大量虐殺のプロパガンダのレトリックは、週刊紙『シュテュルマー』のユダヤ人を昆虫にみたてた漫画から、ルワンダのフツ人がツチ人を「ゴキブリ」に見立てた描写まで、その犠牲者の人間性を否定するという点では、まったくもって似通ったものになっている。

シラーが認識していたように、人間性に対する敬意は、私たちが動物的な存在であるという紛れもない物質的な事実を避けることができない場合においてさえ――死や苦しみといった文脈においてさえ――（あるいは、実際、そのような場合においてこそ）、私たちに人間の価値を際立たせることを求める。そこで、私がとても感動した（そして勇気づけられた）カントについての有名な話でこの本を締めくくりたい。それは彼の死の九日前のことだった。その偉大な男は年老いて、絶望的に衰弱していた。にもかかわらず、彼は客人（彼の医者）が先に席に着くまで、自分が座ることを拒んだ。最終的に座るよう説得されたとき、カントはこう言ったという。「人間性の感覚はまだ私を見捨てていない」、と。

原注

序文

ix頁「証明という言葉にはより広い意味がある。……」J. S. Mill, *Utilitarianism*, in *On Liberty and Other Essays* (Oxford: Oxford University Press, 2008), p. 135.

第一章

二頁「この人間の尊厳という表現は……」A. Schopenhauer, *On the Basis of Morality* (Indianapolis: Hackett, 1965), p. 100.

四頁「私たちは皆、全能の神によって創られました。……」letter of 28 August 2006, downloaded from http://english.farsnews.net/.

四頁「自らの『尊厳の道』を歩み続けるであろう」CBS News, 10 October 2006.

四頁「自然の『法則』や、……」R. Niebuhr, *Faith and History* (New York: Scribner's, 1949), p. 124.

五頁「一人ひとりの人間の尊厳は、……」J. Moltmann, "Christianity and the Revaluation of the Values of Modernity and of the Western World," in *A Passion for God's Reign* (Grand Rapids, MI: Wm. B. Eerdman's, 1998), p. 34.

五頁「デイビッド・ブルックスによる『尊厳を求めて』」*New York Times*, 9 July 2009.

六頁「マスコミから罵詈雑言を浴びせられた」“Sir Bobby Robson,” *The Times* (London), 31 July 2009.

六頁「尊厳のコロニー（コロニア・ディグニダ）」Bruce Falconer, “The Torture Colony,” *American Scholar*, Autumn 2008.

七頁「尊厳は役に立たない概念だ。……」R. Macklin, “Dignity Is a Useless Concept,” *British Medical Journal* (20 December 2003), pp. 1419–1420.

七頁「合理的な主体性（agency）の主要な部分を、……」J. Griffin, “A Note on Measuring Well-Being,” in *Summary Measures of Population Health*, ed. C. J. L. Murray, p. 131.

七頁「人びとを敬うというのは、……」J. Feinberg, “The Nature and Value of Rights,” reprinted in his *Rights, Justice and the Bounds of Liberty* (Princeton: Princeton University Press, 1980), p. 151.

八頁「美徳だということになる。……」A. Kolnai, “Dignity,” reprinted in *Dignity, Character and Self-Respect*, ed. R. Dillon (New York: Routledge, 1995), pp. 53–75.

九頁「同性愛行為は本質的に異常である」*Catechism of the Catholic Church*, 2357.

九頁「ゲイ、レズビアン、バイセクシュアル、……」downloaded from DignityUSA.org.

一〇頁「尊厳が踏みにじられたこと」http://www.bbc.co.uk/news/world-latin-america-11480968.

一一頁「『拡大する円』の言説」J. Griffin, *On Human Rights* (Oxford: Oxford University Press, 2008), chap. 1; and J. Waldron, *Dignity, Rank and Rights* (The Berkeley Tanner Lectures), ed. M. Dan-Cohen (Oxford: Oxford University Press, 2012).

一六頁「尊厳ある余暇（クム・ディグニターテ・オーティウム）」“Speech on Behalf of Publius Sestius.” この成句は『弁論家について』にも登場する。

一六頁「少しでも義務の性質を調べようとすれば、……」*De Officiis*, I, 30.
一八頁「世界を主に統治している力は、ふたつある。……」Translated in J. H. Robinson, *Readings in European History* (Boston: Ginn, 1905), pp. 72–73.
一九頁「すべての魂の個別的な価値を、……」J. Ruskin, *The Stones of Venice*, vol. 2: *The Sea Stories* (New York: Cosimo, 2007), p. 159.
二一頁「高い場所に上がるのは骨の折れることであり、……」*Essays, Civil and Moral* (Cambridge, MA: Harvard Classics, 1909–1914).
二二頁「神は、最初に結婚を定めたとき、……」*The doctrine & discipline of divorce* (London: [s. n.], 1644), p. 2.
二三頁「尊厳は、それ自体を理由とする……」*Scriptum super libros Sententiarium*, bk. III, distinction 35, question 1, article 4, solution 1c.
二四頁「人間は葦にすぎない。……」*Pensées*, 200 (Penguin: Harmondsworth, 1966).
二五頁「イグノーベル賞は……」http://improbable.com/ig/winners/#ig2008.
二七頁「私はすべてのことを自分の救済に……」*Von der Freiheit eines Christenmenschens* (1520), 15th thesis.
四二頁「苦しみのなかの静けさ」*Über Anmut und Würde* (Stuttgart: Reclam, 1971), p. 121.
四四頁「ギリシアの傑作に共通する卓越した特徴は、……」in *German Aesthetic and Literary Criticism*, ed. H. B. Nisbet (Cambridge: Cambridge University Press, 1985), p. 42.
四六頁「ちょうど優美が美しい魂の表現であるように、……」*Über Anmut und Würde*, p. 113.
四六頁「道徳的に偉大である」Ibid., p. 119.

四七頁「人間の道徳的自由の表現」Ibid., p. 121.

五一頁「私たちは人間性の尊厳について多くの誤ったことを耳にする。……」*Moral Sketches of Prevailing Opinions and Manners, Foreign and Domestic, with Reflections on Prayer* (1820), in *The Works of Hannah More*, vol. 4 (London: T. Cadell, 1830), pp. 370–371.

五二頁「このとき、ある黒人が……」John Bernard, *Retrospections of America, 1797–1811* (1880), pp. 90–91.

五五頁「歴史から逃げて道徳へと避難する」*Deutsch-Brüsseler-Zeitung*, no. 92 (18 November 1847).

五五頁「私たち近代人は、……」F. Nietzsche, "The Greek State," in *Early Greek Philosophy and Other Writings*, trans. M. A. Mügge (New York: Russell and Russell, 1964), p. 3.

五六頁「人間の尊厳や労働の尊厳は、……」Ibid., pp. 4–5.

五七頁「そもそもどのような段階で、……」Ibid., p. 5.

五八頁「そこで私たちは、残酷に響く……」Ibid., pp. 7–8.

五九頁「私たちが今、最もすばらしく活動し、……」Ibid., pp. 16–17.

六二頁「作法における真の尊厳は、……」A. Tocqueville, *Democracy in America*, vol. 2, trans. Henry Reeve (New York: Colonial Press, 1899), p. 227.

七四頁「人びとを敬うというのは、……」Feinberg, "Nature and Value of Rights," p. 151.

第二章

八二頁「提出された証拠は、禁止となった催しが……」Manuel Wackenheim v. France, Communication No. 854/1999, U. N. Doc. CCPR/C/75/D/854/1999 (2002), in United Nations Human Rights Committee,

Selected Decisions under the Optional Protocol, Seventy-Fifth to Eighty-Fourth Sessions (July 2002–March 2005) (New York: United Nations Publications, 2007), p. 111.

八四頁「問題となった本件について決定を下すにあたり、控訴審は、……」http://www.conseil-etat.fr/cde/fr/presentation-des-grands-arrets/27-octobre-1995-commune-de-morsang-sur-orge.html.

八六頁「他者を除いてこれらの人びと（小びと）が……」Manuel Wackenheim v. France, p. 114.

八九頁「リトル・ピープルが勝ち得ようとしている……」Jennifer Brandlon, "Little People," Associated Press, Baltimore, 1 July 1989.

九三頁「ユーモアを一言で定義するなら、……」"Funny but not vulgar," in *The Collected Essays, Journalism and Letters of George Orwell*, vol. 3 (Harmondsworth: Penguin, 1970), p. 325.

九九頁「（1）人間の尊厳は不可侵……」Grundgesetz für die Bundesrepublik Deutschland, 23 May 1949, Article 1.

一〇三頁「人間の尊厳は、個々の……」Maunz-Dürig, 1958, Art. 1, Abs. 1. BVerfGE 45, 187, 227f. も参照。

一一二頁「問題になったのは、ある目的の善きこと……」C. Korsgaard, *Creating the Kingdom of Ends* (Cambridge: Cambridge University Press, 1996), p. 124.

一一三頁「ものは行為することができないので、……」O. O'Neill, *Constructions of Reason* (Cambridge: Cambridge University Press, 1989), p. 138.

一一九頁「目的を定めて（何ものかに善きものという地位を……」Korsgaard, *Creating the Kingdom of Ends*, p. 124.

一三一頁「（ちなみに、イギリスでは……」"European Values," TNS-Sofres, May 2005, http://www.thebrussels

connection.be/tbc/upload/attachments/European%20Values%20Overall%20EN.pdf.

一五〇頁「ある人があなたの行動の仕方に同意できるかどうかという問いが、……」Korsgaard, *Creating the Kingdom of Ends*, p. 139.

一五二頁「問題は、『尊厳』が感傷的で主観的な観念であり、……」"The Stupidity of Dignity," *New Republic*, 28 May 2008.

一五四頁「すべての人間は、自分に命を授けてくださった神の前で、……」*Catechism of the Catholic Church* (Vatican City: Libreria Editrice Vaticana, 1993), 2280.

一五五頁「目的を定め……それを合理的な手段で追求する力」Korsgaard, *Creating the Kingdom of Ends*, p. 124.

一五七頁「文明化された社会のすべての成員に対して、……」John Stuart Mill, *On Liberty*, chap. 1.

第三章

一六五頁「議論を単純化するために、私は、人間主義の原理を……」*The Morality of Freedom* (Oxford: Oxford University Press, 1986), p. 194.

一七五頁「ある世界がきわめて美しいと想像してみよう。……」*Principia Ethica* (1903) (Cambridge: Cambridge University Press, 1993), §50.

一七九頁「権利のない義務」O'Neill, *Constructions of Reason* (Cambridge: Cambridge University Press, 1989), p. 179.

一八七頁「クリスティン・コースガードの著作」C. Korsgaard, *Creating the Kingdom of Ends* (Cambridge: Cambridge University Press, 1996), p. 124.

一八八頁「深刻な不幸に苦しむすべての者が、自殺せずに、……」Ibid., p. 158.
一八九頁「この見方の枠組みを形成し、……」Ibid., pp. 100–101.
一九五頁「『まずまずの状態』は明らかに善きものであると……」Ibid., p. 126.

訳者あとがき

「尊厳」という言葉を聞いて、読者は何を思い浮かべるだろうか。この言葉にはそれほど厳密な定義はないし、人権のような普遍的な法的裏づけがあるわけでもない。それでも、人間にとって大切な何かを意味することは間違いない。私たちは、人間の尊厳が議論される状況をよく知っている。それは人の生と死が問われる状況であり、人が人として生きることの条件が切実に問われる状況である。尊厳の概念は、アウシュヴィッツから生還した化学者プリーモ・レーヴィが描き出したような人間の魂の破壊と再生の物語と響き合う。

この本が出版される年は、二〇一一年の東日本大震災から一〇年目にあたる。時間が経過しても、人びとは繰り返し犠牲者に対する敬意を示すことで、死者の尊厳を保っている。当時を思い起こせば、避難所で食べ物を受け取る際に、整然と列をなしていた被災者の姿にも、人間の尊厳としか形容できないものがあった。そして今、多数の人びとの命を奪った海を見ながら、私たちは、自然の尊厳と呼ぶべきものがありはしないかと感じることもある。こうしたすべての思いを整理できないまま、私たちは尊厳について語り続けている。

二〇二〇年、新型コロナウイルス感染症が拡大するにつれて、世界の多くの国々で、多くの死者が適切な葬儀もなく埋葬されていった。国内においても家族が、友人が、離ればなれに生きることを強いられた。夜の繁華街で騒がないといった威厳ある行動が求められる反面で、仕事を奪われ、誇りを奪われる人びとが相次ぎ、ドメスティック・バイオレンス(DV)が増加し、自殺者も増えた。コロナとともに生きる日常において「取り残された人びと」の尊厳が、厳しく問われている。

尊厳の概念は、さらに多くの領域で語られている。たとえば、人間の生命に対する人為的な操作(人工妊娠中絶、ヒト胚ゲノム編集)、自分の人生の終わらせ方(いわゆる尊厳死、終末期医療、エンディングノート)、そしてジェンダー問題、マイノリティへの差別や迫害、老人と若者それぞれが抱える問題と世代間の対立、技術革新の影響(AIと雇用、ロボットと介護、身体の一部の機械化)など、これらすべての議論において人間の尊厳の概念が援用されている。二〇一六年の相模原殺傷事件のように、障がいとともに生きているというだけの理由で施設で暮らす人びとが無差別に殺害された事件に接するとき、私たちは、権利よりも強い道徳的な理念を求めないわけにはいかない。人間の尊厳が切実に議論されるのは、そのような文脈においてである。

ある言葉が使われるのは、その言葉が必要とされているからである。私たちは、尊厳という言葉がもつ修辞的な力強さを知っている。しかし今のところ、尊厳は、そこから先の公共的な議論を促すような柔軟な概念としては、必ずしも十分に機能していないようにも見える。この言葉を持ち出すことで、それ以上の問いかけを封殺するような使われ方を目にすることさえある――一人ひとりの人間の尊厳を議論することなしに、日本国民の地位の尊厳を強調することも可能なのである。だからこそ、尊厳という言葉が使われてきた歴史を整理し、私たちの直感に思想的な根拠を与え、ときに対立的な形で尊厳の概念が使われてきた理由を理解することによって、できるだけ多くの人びとを巻き込んだ議論を積極的に展開していくべきときが訪れているのではないだろうか。

このような問題意識に導かれ、私たちふたりは、より広い読者に届くような、良質の、できればグローバル水準の尊厳の入門書を探していた。そうして出会ったのが、ハーバード大学のマイケル・ローゼンによる本書『尊厳――その歴史と意味』(Michael Rosen, *Dignity: Its History and Meaning*, Harvard University Press, 2012)である。これだけコンパクトな形で尊厳の思想史の広がりと奥行きを語り尽くした書物は、他にないと思う。

あらためて、尊厳とは何だろうか、と問うてみよう。広辞苑には、「とうとくおごそかで、おかしがたいこと」とある。英語の dignity の訳語として明治時代以降に普及したとされるが、今の私たちにはとても自然に響く。「尊」と「厳」を組み合わせた漢字の力を感じないわけにはいかない。

とはいえ、尊厳という考え方が何を意味しているかについて、さらに厳密に語ろうとすると、わかるようでわからない。私たち自身の尊厳の理解を深めていくために、西洋における尊厳の概念の歴史と意味を知ることは有意義だろう。

本書を通じてローゼンは、「尊厳はこれだ」と断定するのではなく、西洋世界の広義の哲学史において絡みあってきた意味のより糸を、丹念に解きほぐしていく。ローゼンによれば、尊厳には三つ(ないし四つ)の構成要素があるという。それらの要素はねじれて結びつき、時代とともに摩擦を起こしたり、強固な束となったりするなかで、人びとの思考に影響を与え続けてきた。尊厳は、単独で成立する規範ではなく、いくつかの規範が結びついた複合的な規範なのである。

では、そこにはどのような要素があるのだろうか。ローゼンが第一章で述べている順番通りに整理してみよう。第一は「地位としての尊厳」である。前近代の社会では、人間の尊厳が適用される範囲は今よりもずっと狭かった。社会のヒエラルキー(階層秩序)に基づいて、尊厳を有する者は聖職者や王侯貴族、地元の名士に限られていた。ところが、フランス革命を契機に、尊く厳かな者たちのサークルは下へ外へと拡大することになり、すべての人間は人間という地位を理由として平等に尊厳をもつ、という理解が定着するようになった。神聖な権威を司っていたキリスト教会も、この歴史的な変化に徐々に適応していく。ただしローゼンは、カトリック思想においては長らく、地上と天上のすべての構成員が、それぞれに適切な地位を占める限りにおいて(異なる種類の)尊厳をもつ、という考え方が支配的であったことを指摘し、読者の注意を促している。

第二は「本質としての尊厳」である。尊厳をそなえる者の拡大と並行して、ドイツの哲学者イマヌエル・カントは、人間が尊厳、すなわち内在的で無条件的で比較できない価値をもつというのは、どういうことかを追求した。カントにとって、尊厳の根拠となるのは自律である。ただし、カントにとって自律は、人は自分の生き方を自由に決めてよいという現代的な理解とは異なり、道徳法に従って生きることを意味する。この道徳法は人間が自らに与えるものであり(自らを律する)、それができるのは人間のみである。こうしてカントは、人間以外のものを尊厳の対象から除外するかわりに、人間なら誰しも道徳法をつくる能力をそなえているというところから、すべての人びとが人間の本質として平等に尊厳を有していると理解する道を拓いた。だがローゼンは、このようなカント的な尊厳の理解の説明にとどまらず、当時のカント自身の尊厳観にはここで挙げた第二の要素以外のアプローチ(とりわけ、次に見る態度としての尊厳)も含まれていたことを指摘する。

第三は「態度としての尊厳」である。この尊厳の理解を代表する思想家として、ローゼンは、フリードリヒ・シラーを挙げる。シラーは尊厳を「苦しみのなかの静けさ」という言葉で表現し、地位でも本質でもなく、人間の振る舞いのなかに尊厳を見いだそうとする。周囲からの罵詈雑言に対して毅然とした態度をとったり、苦痛を受けて泣き叫ぶことを堪えたりすることは、容易ではないけれども、そう振る舞おうとすることは誰にでも可能である。こうしてシラーは、カントとは別の視角から平等な人間の尊厳を構想した。この立場では、逆境にあっても自制心を失わず、落ち着いた態度を維持することで、人は尊厳を保つことになる。この意味での尊厳が問われる究極の場面は、人が死を迎えるときかもしれない。

ここで尊厳の第四の要素が導かれるが、それは第三の要素から派生的に生じたものと位置づけられる。態度としての尊厳は、自らの威厳ある振る舞いに焦点を当てるものであった。しかるに第四の要素では、他者の尊厳に対して人はどのような態度をとるべきかが問題になる。ここでのローゼンのキーワードは、敬意(respect)である――尊重や尊敬という訳語を使うと「地位の尊厳」に引きずられてしまうので、本書では「敬意」ないし「敬い」と訳している(なお、日本の仏教では、聖徳太子の時代から「法を敬う」という言い方をする)。自分の内なる尊厳とは異なり、他者の尊厳を重んじる行為は何らかのコミュニケーションを伴う。そこで重要になるのが、「敬意の表現」である。困難な経験のさなかにある他者と対面するとき、他者の尊厳が私たちに適切な敬意の表現を求めるのである。

あらためて尊厳の定義に戻ると、広辞苑の定義は簡潔で的を射ていると思う。尊厳とは、尊く(第一の要素)、厳かで(第三の要素)、不可侵である(第二の要素)ことを指すのである。これらのすべてが重なり合うところに、尊厳の意味が立体的に浮かび上がる。そして、このように複合的に定義された尊厳に敬意を表するところにおいて、尊厳の第四の意味が生まれるわけである。

本書は単なる入門書ではなく、カトリック思想とカント主義の特定のあり方を批判する論争の書でもある。前者については「地位」のヒエラルキーの厳格さ、後者については人間の「本質」の理解の狭さが、容赦なく攻撃される。しかし、テクストをよく読み込んでいくと、ローゼンはカトリック思想とカントの哲学思考のなかにある何ものか――おそらく宗教的なるものの始原であるような何ものか――を懸命に救い出そうとしているようにも見える。鍵になるのは、存在(とりわけ命)に対する畏敬ないし畏怖の感覚ではないだろうか。

ここまでの整理を踏まえると、第一章に続く第二章、第三章の議論は、いっそう読み応えのあるものになるだろう。第二章は、尊厳に実質を与えていく法制度の問題を扱っている。国家は個人の尊厳を侵害する行為を禁じ、個人は国家に自らの尊厳の保障を求める声をあげる。現実に世界の多くの国々が、大なり小なり尊厳の概念を法体系の中に組み込んでいる。そのなかでもドイツは、連邦共和国基本法の第一条第一項が「人間の尊厳は不可侵である」という言葉で始まることで知られている(これは、尊厳条項とも呼ばれる)。しかし、カトリック思想とカント主義が融合したドイツにおける尊厳の法制度は、実践の場において深刻な困難に直面するとローゼンは主張する。その具体例として取り上げられるダシュナー事件や航空安全法の事例は、尊厳の法律上の取り扱いを考えれば考えるほどに悩ましい。これらは、私たちに斬新な思考実験を促すものであり、大学のディベートの授業や哲学カフェなどのトピックとしても応用できるだろう。

ただし、ここでのローゼンの議論は、尊厳のすべての領域を扱うものではなく、主として「恐怖からの自由」と結びつく尊厳にかかわるものであることに注意しておきたい。尊厳をめぐるより包括的な議論を展開していこうとすれば、貧困や差別によって人びとが取り残され、生業を破壊され、自尊心を奪われ、「欠乏からの自由」を実現できないでいる状況もまた、中心的な課題にならざるをえない。ドイツの基本法に対応する日本国憲法では、生存権として「健康で文化的な最低限度の生活を営む権利」(第二五条)がうたわれており、それが人間の尊厳の必要条件をなすことは理解しやすい。その一方、ドイツと比べると、日本の法制度ではヘイトクライムに対する規制は極端に弱い。尊厳の解釈をめぐってドイツと日本を真剣に対比する作業もまた、これから私たちに求められるように思う。

さて、第二章の末尾では、第三章に向けてローゼンからきわめてスリリングな問いが発せられる。これまで人間の尊厳について考えてきたわけだが、すでに人間ではなくなってしまった者の遺体にも、人びとが尊厳をもって接するのはなぜだろうか、と。人間の亡骸の扱い方は文化によって異なるが、その存在を蔑ろにするのが許されないことはすべての社会に共通している。死者に人権はないかもしれないが、尊厳はある。地球に残されたのが私とあなたのふたりだけになったとしよう。私が先に息絶える。それを見ている人間は他に誰もいない。それにもかかわらず、あなたは私を弔おうとするだろう。なぜだろうか。ローゼンはこうした思考実験を行いながら、人間の範疇から除外されたもの(あるいは胎児のように、まだそこに含まれていないもの)にも、私たちに敬意の表現を求めるような尊厳があること、あるいは、私たちがそのように考えざるをえないことについて、考察を進めていく。それを手がかりに第三章では、義務論と功利主義の相克を軸にカント哲学の再解釈が試みられている。哲学を専門としない者には敷居が高いかもしれないが、ローゼンの議論の運びそれ自体は誤解の余地なく理解することができるはずである。

死せる者に敬意を表する具体的な方法は、その社会に属する人びとの相互的な関係性に依存する。したがって、その方法は地球上の場所に応じて実に多様であるけれども、死者を敬う態度それ自体は人類の社会に共通するはずである。尊厳と敬意の表明にかかわるこのようなアプローチをふまえて、本書が、哲学と人類学、美学と倫理学、そして人文学と科学といった人類の知の体系の対話——さらには宗教の対話——を促していくことを期待したい。

＊

マイケル・ローゼンはハーバード大学政治学科の政治哲学の教授であり、とりわけ一九世紀から二〇世紀のヨーロッパ哲学と現代の英米政治哲学を専門としている。一九五二年にイギリスで生まれ、オックスフォード大学でヘーゲル弁証法に関する論文で博士号を取得した。指導教授はチャールズ・テイラーである。本書については、日本よりも一足早く、二〇一五年に韓国語版が翻訳出版されているが、東アジアにおける尊厳への関心の高まりがうかがわれて興味深い。今回は新たに「日本語版への序文」を書き下ろしていただいた。

翻訳にあたっていくつか工夫したことがある。本書に引用されている文献の多くは日本語訳が存在しているが、今回はローゼンの原書の英語のテクストから訳出することとし、既存の翻訳はそれらと対照させながらも、参考にするにとどめた。原文の流れと勢い、そしてローゼンが文中で意識しているくだけた語り口を尊重したかったからである。なお、本書に出てくる括弧などはすべて原書のままであり、訳者が補注として付加したものはない。日本の読者にわかりにくいと思われた表現は、訳注をつけるのではなく、ローゼン氏と電子メールで直接やりとりりして原文そのものに手を加えてもらい、それを日本語に置き換えていった。同時代の文献の翻訳のやり方として、意義深い実験ができたと思っている。

翻訳が完成した段階で、筑波大学の木山幸輔氏には、ご多忙のなかで訳稿を読んでいただき、たいへん貴重なコメントを頂戴した。哲学の世界の一般的な訳語をご提案いただきながらも、本書ではより広い読者を想定し、ご指摘の通りにしなかった部分もある。誤りがあれば訳者の責任である。国内での尊厳に関する研究にはすでに蓄積があり、とりわけ加藤泰史氏らの本格的な共同研究からは学ぶところが多かった。本書を読んで尊厳の概念に関心をもった読者には、同氏らの『尊厳概念のダイナミズム――哲学・応用倫理学論集』(二〇一七年)や『尊厳と社会(上・下)』(二〇二〇年、いずれも法政大学出版局)をお薦めしたい。

最後に、この翻訳で特にお世話になった岩波書店新書編集部の島村典行さんに感謝したい。私たちが島村さんに本書の翻訳を提案したところ、すぐさま原書を通読し、新書として刊行したいと応じてくださった。シリア内戦から逃れた難民のボートが地中海で転覆し、幼い子どもたちの遺体がトルコの海岸に漂着したことがあった。子どもの遺体を丁寧に抱きかかえる警官の写真が世界に衝撃を与えたことを覚えている読者も多いことだろう。島村さんは本書を読みながら、その構図を思い浮かべずにはいられなかったという。翻訳プロジェクトのよき伴走者を得たことは、訳者として幸せだった。

この本は東北で生まれた。震災発生の年から内尾は博士課程の研究を中断し、被災地を支援するＮＰＯで活動していた。多くを失った被災者の尊厳を考えずにはいられなかった。誰もが犠牲者を深く悼み続けていた。内尾がローゼンの原書を手にしたのはその頃で、現場を訪れていた峯に「いつか一緒にこの翻訳を」と話を持ちかけた。

あれから一〇年、被災地でも震災を知らない世代が生まれている。他方で、震災の日に命を断ち切られた人びとがいる。時間の流れとともにその隔たりは広がる一方だろうか。否、生者と死者のつながりは尊く厳かで侵しがたいものである。その感覚から思考し、言葉を紡ぐとき、私たちは尊厳について語り始めているのだろう。そのとき本書が役に立てばとても嬉しい。

二〇二一年三月

内尾太一
峯　陽一

ナ　行

ハ　行

マ　行

ヤ・ラ・ワ　行

タ　行

索　引

ア　行

カ　行

サ　行

マイケル・ローゼン

政治哲学者．イギリス生まれ．オックスフォードとフランクフルトで学び，現在，ハーバード大学政治学科教授．著書に *Hegel's Dialectic and Its Criticism* (Cambridge University Press), *On Voluntary Servitude* (Harvard University Press), *The Shadow of God: Kant, Hegel and the Passage from Heaven to History*(近刊)がある．

内尾太一

麗澤大学国際学部准教授．東京大学大学院総合文化研究科博士課程修了．著書に『復興と尊厳——震災後を生きる南三陸町の軌跡』(東京大学出版会)がある．

峯　陽一

同志社大学教授．共訳書にマーフィー『国連開発計画(UNDP)の歴史』(明石書店)，デュフロ『貧困と闘う知』(みすず書房)，マンデラ『自由への容易な道はない』(青土社)，マゴナ『母から母へ』(現代企画室)など．

尊厳—その歴史と意味　　マイケル・ローゼン
岩波新書(新赤版)1870

2021年3月19日　第1刷発行

訳　者　内尾太一《うちおたいち》　峯《みね》　陽一《よういち》

発行者　岡本　厚

発行所　株式会社 岩波書店
〒101-8002 東京都千代田区一ツ橋 2-5-5
案内 03-5210-4000　営業部 03-5210-4111
https://www.iwanami.co.jp/

新書編集部 03-5210-4054
https://www.iwanami.co.jp/sin/

印刷・三陽社　カバー・半七印刷　製本・中永製本

ISBN 978-4-00-431870-5　　Printed in Japan

岩波新書新赤版一〇〇〇点に際して

ひとつの時代が終わったと言われて久しい。だが、その先にいかなる時代を展望するのか、私たちはその輪郭すら描きえていない。二〇世紀から持ち越した課題の多くは、未だ解決の緒を見つけることのできないままであり、二一世紀が新たに招きよせた問題も少なくない。グローバル資本主義の浸透、憎悪の連鎖、暴力の応酬――世界は混沌として深い不安の只中にある。

現代社会においては変化が常態となり、速さと新しさに絶対的な価値が与えられた。消費社会の深化と情報技術の革命は、種々の境界を無くし、人々の生活やコミュニケーションの様式を根底から変容させてきた。ライフスタイルは多様化し、一面では個人の生き方をそれぞれが選びとる時代が始まっている。同時に、新たな格差が生まれ、様々な次元での亀裂や分断が深まっている。社会や歴史に対する意識が揺らぎ、普遍的な理念に対する根本的な懐疑や、現実を変えることへの無力感がひそかに根を張りつつある。そして生きることに誰もが困難を覚える時代が到来している。

しかし、日常生活のそれぞれの場で、自由と民主主義を獲得し実践することを通じて、私たち自身がそうした閉塞を乗り超え、希望の時代の幕開けを告げてゆくことは不可能ではあるまい。そのために、いま求められていること――それは、個と個の間で開かれた対話を積み重ねながら、人間らしく生きることの条件について一人ひとりが粘り強く思考することではないか。その営みの糧となるものが、教養に外ならないと私たちは考える。歴史とは何か、よく生きるとはいかなることか、世界そして人間はどこへ向かうべきなのか――こうした根源的な問いとの格闘が、文化と知の厚みを作り出し、個人と社会を支える基盤としての教養となった。まさにそのような教養への道案内こそ、岩波新書が創刊以来、追求してきたことである。

岩波新書は、日中戦争下の一九三八年一一月に赤版として創刊された。創刊の辞は、道義の精神に則らない日本の行動を憂慮し、批判的精神と良心的行動の欠如を戒めつつ、現代人の現代的教養を刊行の目的とする、と謳っている。以後、青版、黄版、新赤版と装いを改めながら、合計二五〇〇点余りを世に問うてきた。そして、いままた新赤版が一〇〇〇点を迎えたのを機に、人間の理性と良心への信頼を再確認し、それに裏打ちされた文化を培っていく決意を込めて、新しい装丁のもとに再出発したいと思う。一冊一冊から吹き出す新風が一人でも多くの読者の許に届くこと、そして希望ある時代への想像力を豊かにかき立てることを切に願う。

（二〇〇六年四月）